船津衛・浅川達人 著

現代コミュニティとは何か

―「現代コミュニティの社会学」入門

恒星社厚生閣

はしがき——本書の目的と構成

こんにち、社会の大きな変化に伴い、コミュニティのあり方にもさまざまな変化が生じてきている。そして、一方では、コミュニティの衰退や崩壊がいわれ、他方では、コミュニティの復活や再生がクローズアップされている。また、日常生活においては何の役にも立たないから不要であるといわれる半面、地域の防災や防犯、育児や介護に関して、いまこそコミュニティが必要であるという主張が多くなされている。さらには、情報コミュニティの出現によって、若者をはじめ多くの人々が新しいコミュニティづくりにきわめて熱心となっている。

本書は、このような現代のコミュニティの様相について、コミュニティの社会構造、社会関係、都市的相互作用、住民組織、コミュニティ・イメージ、コミュニティ意識、コミュニティ文化、コミュニティ・メディア、コミュニティ・コミュニケーション、情報コミュニティ、そして、コミュニティの変容やコミュニティの未来などの側面から、その現実と変化の状況を具体的に解明し、そこから、コミュニティはどうあるべきかを問題としている。

第一章は、コミュニティの概念について、これまでの研究者の見解を検討しながら、現代コミュニティとは何かについて論じている。第二章は、コミュニティの変容について、その衰退と再生の様相を具体的に明らかにし、現在の状況と今後のあり方が検討されている。第三章は、二一世紀のコミュニティのイメージと現実とのギャップを指摘し、これからのコミュニティのゆくえが考察されている。

第四章は、大都市コミュニティの社会構造について、全体社会の変化と都市社会のあり方を「社会地図」を用いて具体的に明らかにしている。第五章では、職業階層の空間分布について、東京とシカゴの都市間の比較研究から解明されている。第六章は、都市における人々の社会関係について、これまでの仮説を検討し、東京での社会関係の現在・過去・未来が問題とされている。

第七章は、地方都市におけるコミュニティの社会構造について、まちづくりを担う人々によるコミュニティの再生が具体的に解明されている。第八章は、都市に住む人々の相互作用である「都市的相互作用」が取り上げられ、その典型である「ストレンジャー・インターラクション」の特質について考察がなされている。第九章は、コミュニティの住民組織に関して、日本の町内会とイタリアのコントラーダのそれぞれの活動が具体的に明らかにされている。

第十章は、コミュニティのあり方を左右するコミュニティ・イメージが問題とされ、「住みよいコミュニティ」について論じられている。第十一章は、コミュニティへの関心・関与を意味するコミュニティ意識の具体的様相とその分析枠組みが検討されている。第十二章は、都市の祭りに代表される非日常的なコミュニティ文化とともに、芸術文化、生活文化、余暇文化などの日常的コミュニティ文化について言及されている。

第十三章は、身近な情報や地域の情報を提供するコミュニティ・メディアを問題とし、とりわけ、CATVとコミュニティFM放送の特質とその果たす役割について論じられている。第十四章は、コミュニティ・コミュニケーションについて、日常的コミュニケーション、「うわさ」のコミュニケーション、災害時のコミュニケーションが具体的に考察されている。第十五章は、「地図にないコミュニティ」といわれる情報コミュニティの現状と、それが地域コミュニティとどのように関連するのかについて考察がなされている。

本書は、もともとは放送大学のテレビ科目「現代コミュニティ論」(二〇〇六—〇九年度)のテキスト『現代コミュニティ論』(放送大学教育振興会、二〇〇六)として作成されたものである。受講生の中に、コミュニティ活動に従事している人、また、これから携わろうとしている人、あるいは、情報コミュニティに強い関心をもつ人が多くおられ、これらの方々からさまざまな感想や意見が寄せられた。そこで、その声に応えるべく、今回、恒星社厚生閣のご厚意により、タイトルも新たに『現代コミュニティとは何か――「現代コミュニティの社会学」入門』とし、各章とも書き加え、内容もかなり改訂して、出版させていただくことになった。

本書は、現代コミュニティのあり方に関して、社会学の観点から具体的現実の解明を目指し、新たな事実を浮き彫りにし、これからの方向について積極的な問題提起を行うとともに、新しいコミュニティ論を展開することを意図している。本書によって、多くの方々がコミュニティへの関心を深め、コミュニティの将来と自己の将来とを結びつけて考えることができるようになればと願っている。

本書の出版に際して、恒星社厚生閣社長の片岡一成さん、編集部の白石佳織さんから種々のご配慮をいただいたことに感謝し、厚くお礼を申し上げたい。

二〇一四年四月

船津　衛

現代コミュニティとは何か
―「現代コミュニティの社会学」入門　目次

現代コミュニティとは何か——「現代コミュニティの社会学」入門

第一章「現代コミュニティ」とは何か

一　集団のタイプ分け

❖「第一次集団」と「第二次集団」（クーリーたち）

人間の集団には自然に生み出され、親密な関係が存在するものと、一定の目的や利害のために意図的につくられ、合理的な関係が存在するものとがある。C・H・クーリー※（Cooley, 1864-1929）とその後継者たちは、人々の社会集団を「第一次集団（primary group）」と「第二次集団（secondary group）」とに分類している（クーリー、大橋幸、菊池美代志訳『社会組織論』青木書店、一九七〇〔原著一九〇九〕）。

「第一次集団」とはフェイス・トゥ・フェイス（face-to-face）な親密な結びつきと協同によって特徴づけられる集団であり、具体的には家族、子供の遊び仲間の集団、大人の近隣集団や地域集団を指している。これに対して、「第二次集団」とは一定の目的・利害・関心のために意図的につくられた集団のことであり、集団内の人間関係は個人的な事情や感情を排したものとされている。企業、労働組合、政党、大学、宗教団体、国家がその例である［1－1］。

※クーリー
(Charles Horton Cooley)

（一八六四－一九二九）

アメリカの社会学者。「第一次集団」や「鏡に映った自我」の概念で有名であり、自我、集団、社会組織、社会過程について研究を行っている。著書に『人間性と社会秩序』（一九〇二）、『社会組織』（一九〇九）、『社会過程』（一九一八）の三部作がある。

C・H・クーリー

第一次集団	フェイス・トゥ・フェイスの親密な結びつきと協同によって特徴づけられる集団	家族，子供の遊び仲間の集団，大人の近隣集団，地域集団など
第二次集団	一定の目的・利害・関心のために意図的につくられ，集団内の人間関係は個人的な事情や感情を排した集団	企業，労働組合，政党，大学，宗教団体，国家など

1-1 「第一次集団」と「第二次集団」（クーリーたち）

❖「ゲマインシャフト」と「ゲゼルシャフト」（テンニース）

また、F・テンニース[※]（Tönnies, 1855-1936）は「ゲマインシャフト（Gemeinschaft）」と「ゲゼルシャフト（Gesellschaft）」とに分けている（テンニース、杉之原寿一訳『ゲマインシャフトとゲゼルシャフト』岩波文庫、一九五七（原著一八八七））。

「ゲマインシャフト」とは本質意志（生得的な意志）による、自然的な結合からなっており、その典型は血縁からなる家族、地縁からなる村落、心縁（精神縁）からなる都市である。そして、「ゲマインシャフト」はどんなに分離していても、本質的には結びついている集団である。これに対して、「ゲゼルシャフト」は選択意志（形成的な意志）による、目的的な人為的結合からなるものであり、法に基づいている大都市、交易からなる国民社会、文明からなる世界社会が、その代表例である。「ゲゼルシャフト」は人々がどれほど結びついていても、本質的には分離している集団である。そして、歴史的には、「ゲマインシャフト」から「ゲゼルシャフト」に移行していくものと考えられている［1－2］。

※テンニース
(Ferdenand Tönnies)

（一八五五－一九三六）

ドイツの社会学者。人間の意志を本質意志と選択意志とに分け、それに対応した社会のあり方を「ゲマインシャフト」と「ゲゼルシャフト」と名付けている。また、道徳や世論、自殺や犯罪などの研究を行っている。著書に『ゲマインシャフトとゲゼルシャフト』（一八八七）、『世論の批判』（一九二二）などがある。

F・テンニース

ゲマインシャフト	本質意志（生得的な意志）による自然的な結合からなり，どんなに分離していても，本質的には結びついている集団	血縁からなる家族，地縁からなる村落，心縁（精神縁）からなる都市
ゲゼルシャフト	選択意志（形成的な意志）による目的的な人為的結合からなり，どれほど結びついていても，本質的には分離している集団	法に基づいている大都市，交易からなる国民社会，文明からなる世界社会

1-2 「ゲマインシャフト」と「ゲゼルシャフト」（テンニース）

クーリーたちとテンニースのタイプ分けは、集団形成が自然的であるのか、人為的であるのか、その機能が包括的であるのか、限定的であるのか、また、その中の人間関係が親密であるのか、そうでないのかに関して共通した分類となっている。しかし、クーリーたちの場合は、その規模が相対的に小さく、成員のまとまりがきわめて強い社会集団が考えられている。とくに、「第一次集団」は人間にとって基礎的、基本的に重要な集団とされ、「第二次集団」と同時に両立して存在するものとされている。これに対して、テンニースの「ゲマインシャフト」と「ゲゼルシャフト」は前者が後者に変化していくものと規定されている。

二 「コミュニティ」の概念

❖「コミュニティ」と「アソシエーション」（マッキーヴァー）

他方、R・M・マッキーヴァー※ (MacIver, 1882-1970) は「コミュニティ (community)」と「アソシエーション (association)」とに分けている（マッキーヴァー、中久郎、松本通晴監訳『コミュニティ』ミネルヴァ書房、一九七五〔原著一九一七〕）。

※マッキーヴァー (Robert Morison MacIver)（一八八二－一九七〇）
イギリス生まれのアメリカの社会学者、政治学者。コミュニティ論や社会変動論、また、国家論や権力論などで優れた業績を多く生み出している。著書に『コミュニティ』（一九一七）、『政府論』（一九四七）などがある。

コミュニティ	「地域性」に基づき，人々の共同生活が営まれる生活圏	村落，都市，国民社会など
アソシエーション	「コミュニティ」の内部において一定の目的のために意図的につくられた集団	家族，教会，労働組合，国家など

1-3 「コミュニティ」と「アソシエーション」（マッキーヴァー）

「コミュニティ」とは、「地域性」に基づき、人々の共同生活が営まれる生活圏を指しており、それには村落、都市、国民社会が含まれている。そして、「コミュニティ」は人間の共同生活の結節点であり、人々にとって基礎的な集団であり、すべてのものを包括するものである。これに対して、「アソシエーション」とは、「コミュニティ」の内部において一定の目的のために意図的につくられた集団を意味している。それは政治、経済、宗教、教育、科学、美術、文学、レクレーション、慈善などの特定の機能を果たす派生的な集団である。「アソシエーション」には家族、教会、労働組合、国家などがあげられている［1-3］。

そして、「コミュニティ」は「アソシエーション」を生み出すベースとなっており、ひとつの「コミュニティ」の中には多くの「アソシエーション」が含まれている。つまり、「コミュニティ」と「アソシエーション」は対立的ではなく、相互に補完し合う関係にある。

このようなマッキーヴァーの見解はクーリーたちの見解に近いといえる。しかし、マッキーヴァーにおいては「地域性」と「共同性」が「コミュニティ」の必要条件となっている。マッキーヴァーの「コミュニティ」概念は「地域性」をベースにしていることに特徴があり、その点において他の研究者とは大きく異

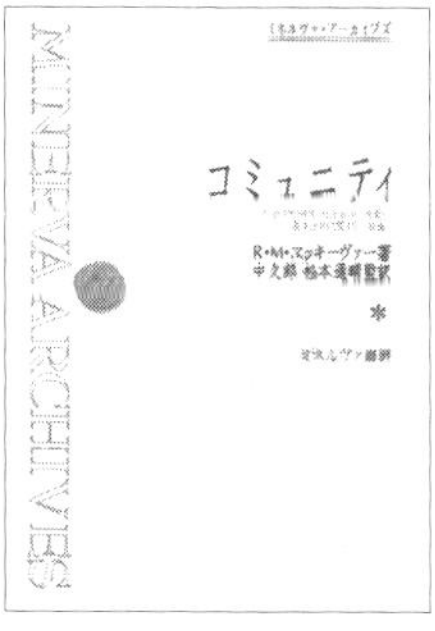

『コミュニティ』

コミュニティ	「共生」に基づいている. 生態学的秩序
ソサイエティ	「コミュニケーション」によってできあがっている. 経済的, 政治的, 道徳的秩序

1-4 「コミュニティ」と「ソサイエティ」（パーク）

なっている。

❖「コミュニティ」と「ソサイエティ」（パーク）

これに対して、R・E・パーク※（Park, 1864-1944）は人間の生きる世界を「コミュニティ（community）」と「ソサイエティ（society）」とに分けている（Park,R.E. and E.W. Burgess, *Introduction to the Science of Sociology*, University of Chicago Press, 1921）。パークにおいて、「コミュニティ」は「共生（symbiosis）」に基づいており、「ソサイエティ」は「コミュニケーション（communication）」によってできあがっている［1-4］。

パークによれば、「コミュニティ」とは一定の地域において、動物や植物と同じように、「共生」している人々の集合を表し、その基本的な組織原理は「競争（competition）」である。この「コミュニティ」を研究する学問が人間生態学※（human ecology）である。そして、パークによると、「コミュニティ」の上に「ソサイエティ」が形成される。「コミュニティ」は「ソサイエティ」が成長する、いわば「ゆりかご」であり、「ソサイエティ」の成立基盤となっている。したがって、人間社会はただ単に生態学的秩序だけではなく、経済的、政治的、道徳的秩序によっ

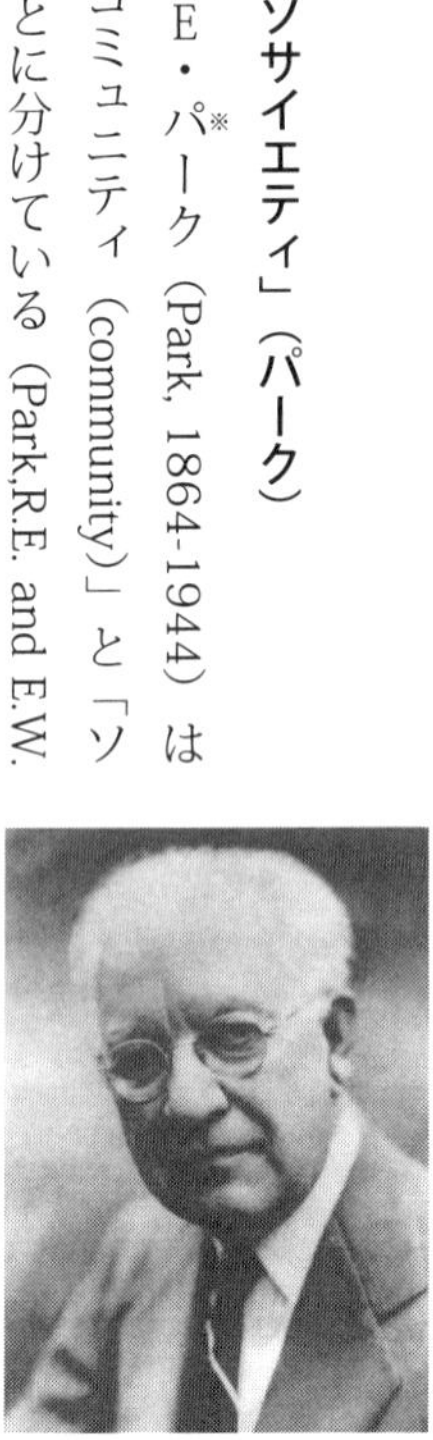

R・E・パーク

※パーク
（Robert Ezra Park）
（一八六四－一九四四）

アメリカの社会学者。シカゴ学派社会学のリーダーであり、都市社会学の父、人間生態学の創始者といわれる。また、人種問題や集合行動の研究者としても著名である。著書に『社会学という科学入門』（共著）（一九二一）や『都市』（共著）（一九二五）などがある。

て形づくられていることになる。

❖パークの「ソサイエティ」

パークにおいて、「コミュニティ」を基礎として成立する「ソサイエティ」は「コミュニケーション」によってできあがっており、経済的、政治的、道徳的秩序を表す習慣、感情、フォークウェーズ、モレス、技術や文化の社会的遺産からなっている。そして、「ソサイエティ」では「コミュニティ」における「競争」が意識的に取り扱われるようになる。「ソサイエティ」は生物的競争が衰退し、生存競争がより高度の、そして、より昇華した形態を表し、その構成原理は「コンセンサス（合意）」である。つまり、人間社会では動植物社会とは対照的に、「競争」と個人の自由は習慣と「コンセンサス」によって、すべての生物学的なレベルが制限されるようになっている。

そして、「ソサイエティ」の基礎過程は「コミュニケーション」である。「ソサイエティ」は動植物社会とは異なり、主として「コミュニケーション」によって作り上げられ、また、「コミュニケーション」によって伝達される社会的遺産である。パークによれば、「コミュニケーション」は人々の間に「コンセンサス」を生み出し、相互の共通理解を可能とさせる。そこから、慣習や伝統が生み出され、また制度の形成が行われるようになる。これらのことを明らかにするのが「社会学」である。

このように、パークは「コミュニティ」から「ソサイエティ」への展開を、動植物的なも

※人間生態学（Human Ecology）
人間社会を生物社会のアナロジーから、人々の相互依存関係、とりわけ「共生」に基づく、人間の集合のあり方を解明しようとするものである。たとえば、都市に住む人間の空間的な配置状況を都心部、商業地域、郊外住宅地域などとして具体的に分析している。

のから人間的なものへの発展として考えていた。生物界に支配的な「競争」は人間社会では他の人間とのかかわりにおいて意識化され、「コンフリクト(conflict)」となる。「コンフリクト」は動植物の世界には存在せず、人間社会に固有なものである。しかも、「コンフリクト」は分裂を招くのではなく、集団の統合、および支配と服従をもたらすものとされる。

❖「ソサイエティ」としての都市

パークは一九一五年に執筆した論文「都市」(のちに一九二五年に出版された『都市』に収録)の冒頭において、次のように述べている。

> 都市というものは、単なる個人個人の集まりでもなければ、また街路や建物や電灯や軌道や電話などの社会的施設の集まりでもない。都市はそれ以上の何ものかである。さらにまた、都市は法廷、病院、学校、官公庁などの施設や行政機関の単なる集まりでもない。都市は何かそれ以上のものである。都市というものは一種のマインドの状態であり、慣習や伝統の集合体であり、また、組織された態度や感情の集合体でもある。
> (パークほか、大道安次郎、倉田和四生訳『都市』鹿島出版会、一九七二〔原著一九二五〕)

パークの場合、都市とは単なる個人個人の集まりでもなければ、社会的施設の集まりでもない。都市は「それ以上の何ものか」である。また、都市は法廷、病院、学校、官公庁などの施設や行政機関の単なる集まりでもない。すなわち、都市とは「マインド」の状態であり、また、慣習や伝統の集合体であり、組織された態度や感情の集合体である。パークにおいて、都市は物的装置や人工的建造物ではなく、都市を構成する人々の生活過程そのものからの必然的な産物である。都市は物理的世界ではなく、「マインド」という人間の内的世界から成っている。したがって、パークの描く都市は、彼のいう「コミュニティ」というよりは、「ソサイエティ」のレベルに位置するものとなっている。

❖「コミュニティ」:「地域性」と「共同性」

マッキーヴァーは「コミュニティ」を共同生活の行われる生活空間と規定し、「地域性」と「共同性」を「コミュニティ」の特質としている。そして、パークは社会や社会集団、その社会を構成する個人や制度を地理的分布という視点から見たとき、それが「コミュニティ」であり、コンセンサスに基づく「共同性」を有するのが「ソサイエティ」であるとしている。また、マッキーヴァーは「コミュニティ」を「村とか町、あるいは地方や国とか、もっと広い範囲の共同生活のいずれかの領域を指す」とするように、「コミュニティ」の「地域性」は空間的広がりを有し、地域社会のみならず、国民社会、さらには、国際社会も含まれると考えている。

そして、マッキーヴァーの場合、「共同性」は「アソシエーション」のような目的達成のための手段的な「共同性」ではなく、それ自体が目的であるコンサマトリー(自己目的的)な「共同性」を意味している。また、パークの「ソサイエティ」の「共同性」は物的なものの「共同性」

というよりも「マインド」の「共同性」を表している。つまり、そこには「コミュニティ意識」や「コミュニティ文化」における「共同性」も含まれることになる。

マッキーヴァーとパークの二人の説明から考えると、「コミュニティ」とは空間的範囲という「地域性」と、生活を共にするという「共同性」からなるということができる。そして、「コミュニティ」はただそこに存在しているというものではなく、人々がそこにかかわり、自ら作り上げていくものであるということになる。

これらの研究者たちの見解を踏まえるならば、「コミュニティ」とは、「コミュニティの社会構造」、「コミュニティの社会的相互作用」、「コミュニティの住民組織」、「コミュニティ・イメージ」、「コミュニティ意識」、「コミュニティ文化」、「コミュニティ・メディア」、「コミュニティ・コミュニケーション」などからなるといえよう。

三 「情報コミュニティ」と「地域コミュニティ」

❖「情報コミュニティ」

「コミュニティ」は「地域性」と「共同性」をその特質としてもっている。そして、これまで一般にそう考えられてきた。しかし、最近ではこのことが必ずしも当てはまらなくなってきている。それが「情報コミュニティ」の登場である。こんにち、「コミュニティ」といった場合、それは「情報コミュニティ」を指すともいわれている。「情報コミュニティ」とはインターネット上の「コミュニティ」などの「電子コミュニティ」を指している。

そこにおいては、「チャット（chat）」、「電子掲示板」、「電子会議室」、「電子メール」、「ホームページ」、「ブログ（blog）」、また、「フェイスブック（facebook）」、「ツイッター（twitter）」、「ミクシィ（mixi）」、「ライン（Line）」などの「SNS※（social networking service）」が形成されている。

情報コミュニティ	
	① 情報の共有によって結びついた「コミュニティ」
	② 「地図にないコミュニティ」（G・ガンパート）
	③ 範囲を拡大し，国際的規模の「グローバル・コミュニティ」を形成
	④ 性別，年齢，地位などの属性から解放された自由な「コミュニティ」
	⑤ 電子メディアによって構築された「バーチャル・コミュニティ」
	⑥ 「地域コミュニティ」の意味合いを変化させる「コミュニティ」

1-5 「情報コミュニティ」

この「情報コミュニティ」は、何よりもまず、「地域性」を必ずしも必要条件とはしていない。それは人々の関心や認識の共通性に基づいて形成されることが重要な特質となっている。つまり、「情報コミュニティ」には情報を縁として形づくられた「共同性」が存在している。したがって、「情報コミュニティ」は、アメリカのメディア研究者のG・ガンパート（Gumpart, 1933-）の言葉を用いれば、「地図にないコミュニティ」となっている（ガンパート、石丸正訳『メディアの時代』新潮社、一九九〇〔原著一九八七〕）［1-5］。

そして、「情報コミュニティ」においては、その構成員が同じ場所にいる必要がなく、また、フェイス・トゥ・フェイスな人間関係も必要条件となっていない。「情報コミュニティ」は空間の共通性ではなく、情報の共有によって結びついている。しかも、そこにおいて共通の「コミュニティ意識」が生み出され、また「コミュニティ」へ

※SNS
(Social Networking Service)
インターネット上で人々のつながりがつくられる会員制のネット・コミュニティを構築するサービス。人々は自分のプロフィールや写真、また、意見、思考、経験などを公開できるようになっている。二〇〇二年頃にアメリカのスタンフォード大学卒業生による「フレンドスター（friendster）」から始められた。

の一体感やアイデンティティの形成がなされるようになっている。

そして、「情報コミュニティ」はその範囲が拡大され、物理的な境界を越えて、国際的規模にまで拡大し、「グローバル・コミュニティ」の形成を促すようになる。「情報コミュニティ」はインターネットによって空間的にその範囲を拡大される。インターネットはネットワークのネットワークとして、世界の情報の収集、受信、利用を自由に行わせる。そしてまた、情報の蓄積・加工機能によって時間的にも押し広げられるようになる。「情報コミュニティ」は時空を越えた「コミュニティ」を構築することになる。

このような「情報コミュニティ」においては、人々が所属する集団・組織、職業や性別、また年齢などの社会的な境界を越えて、人間同士のネットワークの形成が可能とされる。そこは性別、年齢、社会的地位などのデモグラフィックな属性という社会的バリアーから解放された「自由なコミュニティ」となっている。「情報コミュニティ」においては「コミュニティ」の成員の間の関係はタテからヨコの対等な関係が生み出される。そこでは情報内容の価値以外には、成員のあり方が左右されないデモクラシーが存在している。そこから、新しい文化や社会が生み出される可能性が存在している。

✣「バーチャル・コミュニティ」

そして、「情報コミュニティ」は電子メディアによって構築されたサイバースペース上の「バーチャル・コミュニティ」である。「バーチャル・コミュニティ」とはリアルな世界をシミュレートして作り出された仮想の世界である。それは物理的な空間にあるリアリティとは異なり、現実には存在しないが、あたかも存在するようかのように感じさせる世界である。

コンピュータの未来を問題としているH・ラインゴールド※（Rheingold, 1947- ）によると、「バーチャル・コミュニティ」とは「インターネットから生成される社会的な総和で、ある程度の数の人々が人間としての感情を十分にもって、時間をたっぷりかけてオープンな議論を尽くし、サイバースペースにおいてパーソナルな人間関係の網をつくろうとしたときに実現されるもの」（ラインゴールド、会津泉訳『バーチャル・コミュニティ』三田出版会、一九九五〔原著一九九三〕）となっている。

そして、この「情報コミュニティ」では情報の受信のみならず、情報の発信もなされる。そこでは人が働きかけ、そして働きかけられる相互作用が存在し、しかも、一対一のみならず、多対多の双方向のコミュニケーションが展開されている。「情報コミュニティ」においては「コミュニティ」の構成員の自発性や自主性が発揮され、そこから新たな「コミュニティ活動」の展開が行われうるものとなっている。

❖「地域コミュニティ」と「情報コミュニティ」

このような「情報コミュニティ」は「地域コミュニティ」と同時に存在し、そこに二重の「コミュニティ」が生み出されうる。そして、「情報コミュニティ」は「地域コミュニティ」の意味合いを変化させ、「地域コミュニティ」の意識や文化の変容をもたらす。それは「地域コミュ

※ラインゴールド
（Howard Rheingold）
（一九四七－ ）
インターネット、ケータイ、ブログ、そして、バーチャル・コミュニティの研究者。著書に『バーチャル・リアリズム』（一九九一）、『バーチャル・コミュニティ』（一九九三）、『スマートモブズ』（二〇〇二）などがある。

ニティ」の再構成を行い、新しい状況を生み出すことができる。

情報は常に狭い地域を越え、「コミュニティ」の範囲を乗り越える。そのことによって「情報コミュニティ」は「地域コミュニティ」のフェイス・トゥ・フェイスな直接的関係という物理的空間からの解放をもたらし、地理的境界の突破を可能とさせる。そこから、既定の行政区画を乗り越え、従来の「地域コミュニティ」の閉鎖性を打破するようになる。そこに既存の「地域コミュニティ」の範囲を拡大した、新たな「コミュニティ」が形成されるようになる。また、「情報コミュニティ」は入り口をもたない開放性を特徴とし、「地域コミュニティ」における既存の地位・役割を無効にし、人々の関係を対等なものにさせるようにもなる。

❖「手段的なコミュニティ」と「コンサマトリーなコミュニティ」

そして、「情報コミュニティ」は「地域コミュニティ」に役立つ情報を提供できる。それは健康・病気、子育て、介護に関する情報の提供、また災害時の支援、そして、住民組織の活動や自治体行政の推進などを行うことができる。

同時に、「情報コミュニティ」は人々の出会いや交流の場所ともなり、人々がおしゃべりなどによって一体感や連帯感をもつようにさせる。つまり、「情報コミュニティ」は一定の目的を遂行する「手段的なコミュニティ」であるとともに、「コミュニティ」それ自体が目的となる「コンサマトリー（自己目的的）なコミュニティ」ともなっている。

他方、しかし、「情報コミュニティ」はあくまでバーチャルな「コミュニティ」であって、すべての問題を解決できるものではない。「情報コミュニティ」の目指すものが実際の「コミュニティ」では実現不可能なことも多く存在している。そしてまた、「情報コミュニティ」がメディアを媒介とする間接的関係から成り立っていることから、フェイス・トゥ・フェイスな直接的関係を軽視したり、追放してしまうことも生じる。そこから、温かい人間関係が見失われてしまうおそれも十分考えられる。

Q&A

Q

「コミュニティ」とは何か。それはどのような特性をもっており、その構成要素は何であるのか。また、「地域コミュニティ」と「情報コミュニティ」とはどのように異なり、「情報コミュニティ」は「地域コミュニティ」に対してどういうインパクトを与えうるのだろうか。

A

「コミュニティ」とは「地域性」と「共同性」の二つを特性とする人々の集団である。人々が一定の地域の上に住み、そこにおいて互いに共同して生活を推し進める社会のあり方が「コミュニティ」である。一般的には農村や都市などの「地域コミュニティ」を指している。このような「コミュニティ」は、「コミュニティの社会構造」、「コミュニティの社会的相互作用」、「コミュニティの住民組織」、「コミュニティ・イメージ」、「コミュニティ意識」、「コミュニティ文化」、「コミュニティ・メディア」、「コミュニティ・コミュニケーション」などからなっている。

他方、「情報コミュニティ」はインターネット上の「コミュニティ」などの「電子コミュニティ」である。それは「地域性」をとくに必要とせず、情報の共有によって結びついた「コミュニティ」であり、また、電子メディアによって構築された「バーチャル・コミュニティ」である。「情報コミュニティ」は「地域コミュニティ」の範囲を拡大し、子育てや介護に関する情報を提供し、人々が一体感や連帯感をもつことができるようにさせる。

ブック・ガイド

C・H・クーリー、大橋幸、菊池美代志訳『社会組織論』青木書店、一九七〇（原著一九〇九）。

本書の「社会組織」は、企業組織などのような組織体ではなく、より広い全体社会を指している。そして、理想とする社会はカーストが存在しないデモクラシーの社会であり、成員が等質で流動性が高く、コミュニケーションと啓発が活発になされる「開かれた社会」であるとされている。

R・M・マッキーヴァー、中久郎、松本通晴監訳『コミュニティ』ミネルヴァ書房、一九七五（原著一九一七）。

コミュニティ研究の古典であり、コミュニティとアソシエーションとの関係、コミュニティの要素、コミュニティの構造、コミュニティの発達について具体的に検討している。

R・E・パークほか、大道安次郎、倉田和四生訳『都市』鹿島出版会、一九七二（原著一九二五）。

都市研究のバイブルとされている書物である。パークの「都市」の定義、E・W・バージェスの「都市」の発展、R・D・マッケンジーの人間生態学の方法に関する論文のほかに、都市の人間関係、コミュニティ・オーガニゼーション、非行、ホーボーなどの具体的問題に関する論文が収録されている。

H・ラインゴールド、会津泉訳『バーチャル・コミュニティ』三田出版会、一九九五（原著一九九三）。

インターネットの歴史、インターネットが生むもの、サイバースペースでの日常生活、グローバルな文化交流、また、電子会議システムなどについて、フィールドワークに基づき、具体的に明らかにしている。

第二章　「コミュニティ」の衰退と再生
――「コミュニティ」の変容

一　土着から流動へ、そして定住に

❖「土着型社会」から「流動型社会」へ：「コミュニティ」の崩壊

日本の「コミュニティ」はこれまでいくつかの変化・変容を経験してきた。とりわけ、昭和三〇年代においては、村落共同体の崩壊という大きな出来事が生じている。村落共同体とは、主として農業に従事する人たちによってつくられた「コミュニティ」のことであり、生産の「共同性」をベースに、一定の地域の上につくられた人々の集まりである。しかも、村落共同体は生産の「共同性」だけではなく、生活の「共同性」や意識の「共同性」を強く有しており、そのため、さまざまな束縛が存在する「コミュニティ」でもあった。

けれども、日本経済の高度成長によって農村から都市への大量の社会的地域移動が生じ、日本社会は「土着型社会」から「流動型社会」へと変化・変容していき、それに伴って村落共同体が衰退していった。「土着型社会」とは、人が生まれたところにずっと住むことが当たり前の社会であり、そこでは移動することが基本的には許されず、たとえ、移動したとしても、また元のところに戻ってくることが前提とされていた。そのことから、そこにおける人々のつながりは固定的で、しかも、きわめて強固なものであった。

他方、「流動型社会」とは、移動することが当たり前の社会のことであり、しかも、移動は一カ所ではなく、数カ所にわたって移動し、それも元に戻ることはあまりないものであった。そのことから、そこでの人々のつながりは可変的で不安定なものとなっていた。「流動型社会」の出現によって、人々の「共同性」が次第に弱化し、希薄化していき、その結果、そこには単なる「地域社会」が生じるようになった。つまり、そこでの人々のあり方は「そこにただ住んでいるだけ」となり、そこにおける「共同性」は脆弱なものとなった。このような状況は近郊農村や大都市および都市郊外においてとりわけ顕著となっていた［２－１］。

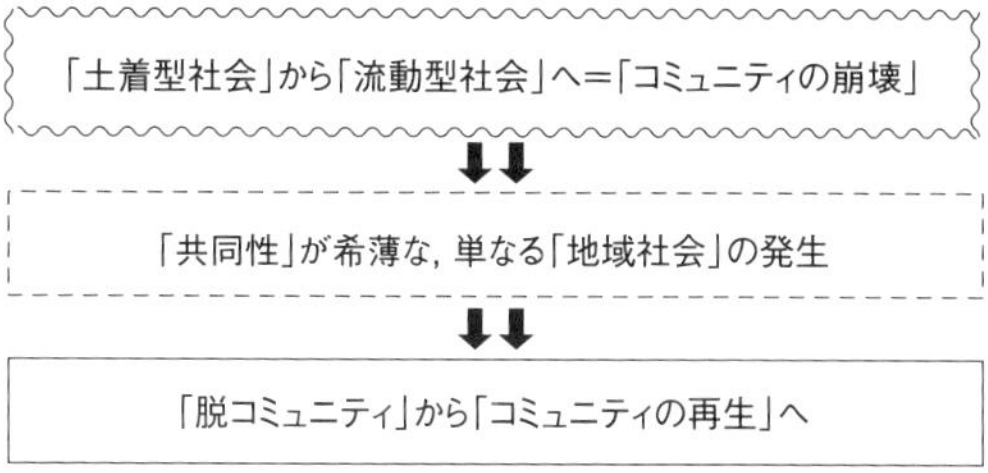

2-1 「コミュニティ」の崩壊と再生

❖「移動」から「定住」：「コミュニティの再生」

けれども、昭和四〇年代に入ると、人々の志向が「移動」から「定住」へと大きく変わり、「コミュニティの再生」がいわれるようになった。結婚や団地への入居などによって、人々は都心部から郊外に移動するようになり、郊外にはニュータウンが多く誕生するようになった。しかし、そこは交通難、道路、公園、学校などの不備によって、決して「住みよいまち」ではなかった。

そこで、人々はこのような問題の解決や改善を求め、自分たちの権利要求を強め、道路や橋、また公共施設などの物的条件の充実のために、各地において住民運動を展開していった。初めのうちは、人々は自らが地域活動に主体的にかかわるというよりも、行政に大きく依存するものであった。しかも、その際、自分のところだけよければという「地域エゴ」※が生まれることも少なくなかった。

けれども次第に、住民は地域社会に関して「モノ」中心から、「コミュニティ」における「ヒト」や「ココロ」を大切にすることに関心を移行させていった。それとともに、行政に依存するのではなく、自らの手によって「コミュニティづくり」を行おうとする気運が強まっていった。そこにおいて「コミュニティの再生」が目指されることとなった。

社会学者の奥田道大（1932-）は、このような住民の動きを「地域共同体」から「伝統型アノミー」へ、そして「個我」から「コミュニティ」への展開としてとらえている（奥田道大『都市コミュニティの理論』東京大学出版会、一九八三）。「地域共同体」とは村落共同体などの伝統的「コミュニティ」のあり方を指し、人々の地域関心は強いが、しかし、狭い関心しかもたないものである。「伝統型アノミー」とは「地域共同体」の衰退に伴って生まれたスプロール※地帯における、地域に無関心な人々のあり方を指している。そして、「個我」とは権利要求型の市民のことであり、個人主義的な地域関心が強いものである。これに対して、「コミュニティ」は自らの手で「コミュニティづくり」を積極的に行う人々のあり方を表している。

このように、わが国においては短期間のうちに「地域共同体」→「伝統型アノミー」→「個

※「地域エゴ」
地域エゴイズムのこと。人々が自分の地域の利益を他の地域よりも優先させて考えることである。それは他の迷惑を考えない自己中心主義であると非難されることが多い。しかしまた、人々が自分たちの生活や環境を守り、充実させていくきっかけなることもある。

※スプロール（sprawl）
都市が周辺に向かって急速に発展することによって、市街地が無秩序に拡大していくことである。その結果、郊外では計画性に乏しい形で開発が進み、人々のつながりがなく、分散化してしまうようになる。

我」→「コミュニティ」へと変化しており、その過程において「コミュニティ」の崩壊と再生がなされていた。しかも、他方、都心部の空洞化現象の広がりから、都心回帰が求められるようになり、そこにおいて都市再開発が推し進められ、都心部での「コミュニティ」の形成の必要性がいわれるようになった。

「土着」から「流動」による「脱コミュニティ」から「コミュニティの再生」が、郊外のみならず、都心部でも人々の重要な関心事となった。また、同時に、国際化による外国人労働者の流入と定住によって、インナーシティのリストラクチュアリングも課題となってきた。

ここにおいて、社会移動の「アノミー」※仮説より「社会化」仮説の方が適合的なものとなってきている。「アノミー」仮説とは、社会移動によって地域社会が解体し、人々がバラバラになってしまうと考えるものであり、「社会化」仮説とは、人々のまとまりや「共同性」が生み出され、そこに秩序が生まれ、相互扶助が行われ、「社会がつくられる」とするものである。

※アノミー（anomie）
社会のルールが有効性を失い、無規制・無規範状態になり、混乱が生じているようになることである。フランスの社会学者É・デュルケム（Durkheim, 1858-1917）が、もともとはギリシャ語であったものを社会学用語として初めて用いた。社会が急激に変化するときには、「アノミー」状態が広がり、非行や犯罪、また自殺や殺人が発生するようになるとされている。

二 「コミュニティ」の変容

❖「村落的生活様式」から「都市的生活様式」へ

このような「社会化」によって生み出される新しい「コミュニティ」、つまり、再生される「コミュニティ」はこれまでの村落共同体のそれとは大きく異なっている。すなわち、新しい「コミュニティ」は「村落的生活様式」ではなく、「都市的生活様式」からなっている。

「コミュニティ」の変容は、都市社会学者の倉沢進（1934-）によれば、「村落的生活様式」から「都市的生活様式」への移行として考えられる（倉沢進『コミュニティ論』〔改訂版〕放送大学教育振興会、二〇〇二）。「村落的生活様式」とは、共通ないし共同の問題の解決方法が、素人の「相互扶助」的ないし「共助」的システムに依存するものである。それは従来の村落共同体の「共同性」を意味している。他方、「都市的生活様式」とは、専門機関による「専門処理」システムが確立しているものである。

そして、「コミュニティ」は、全体として、「村落的生活様式」から「都市的生活様式」へと移行するものと性格づけられる。したがって、「コミュニティ」においては、「相互扶助」的ないし「共助」的システムから、「専門処理」システムに移行することになる［2-2］。

❖「相互扶助」的ないし「共助」的システムの必要性

けれどもまた、こんにち、都市においても消費、環境、災害、福祉などの領域において、「専門処理」システムが能力を越えるようになり、その限界が次第に現れつつある。そこから、都市においても「相互扶助」的ないし「共助」的システムが必要とされてきた。

そして、現在の「コミュニティ」のあり方としては、トータル・システムとしての「専門処理」システムと、その中にサブ・システムとして「相互扶助」的あるいは「共助」的システムを組み込む必要が生じてくる。ここから、下町の再発見がいわれるようになってきた。

「村落的生活様式」
（共通ないし共同の問題の解決方法が素人の「相互扶助」的ないし「共助」的システムに依存）

⬇⬇　⬇⬇　⬇⬇

「都市的生活様式」
（専門機関による「専門処理」システムが確立）

2-2 「村落的生活様式」から「都市的生活様式」へ（倉沢進）

三　下町の社会と文化

集団就職などで都会にやってきた地方出身者はその一部が都心部や郊外団地へと移動したが、他方では多くの人々が都心周辺部に定着化した。そこにおいて、ブルーカラーとして、あるいはまた、中小零細の自営業主の家に住み込み、やがて、自らも自営業者として、そこに居住を定めるようになった。そこから、職住一体型の「下町コミュニティ」が形成されるようになった。

❖東京の下町

東京の下町は地理的には東京都内の東部に位置し、川沿いのいわゆるゼロメートル地帯にあり、西部の高台にある山の手とはきわめて対照的である。下町は江戸時代に商人や職人の家族が住んでいた地区であり、山の手は大名の屋敷や一般武士階級の住まいのあった地区である。

その後、下町は中小零細自営業と家族従業者、また、ブルーカラー層が多く居住し、そこは職住一致ないし近接の住商工混在地帯となり、山の手が専門職業従事者やホワイトカラーが住み、多くが職住分離であり、職場に通勤する形をとっているのと異なっている。そして、下町では地縁的人間関係がきわめて濃密であり、「相互扶助」と親密な人間関係が存在していた。そこではプライバシーは少ないが、互いの連帯性は強く、いわゆる義理と人情の世界が生み出されていた。

❖下町の特質：ドーア『都市の日本人』（一九五八）

R・P・ドーア※（Dore, 1925-）が、このような下町の様子を見事に描き出している。ドーアは一九五〇年代の初めに東京の都心からそれほど遠くない「下山町《したやま》」に下宿して、そこで家庭や結婚、親戚や隣人、また思考・感情などを「参与観察※」している（ドーア、青井和夫、塚本哲人訳『都市の日本人』岩波書店、一九六二（原著一九五八））。

ドーアによると、下町は人口密度が高く、せせこましく、下層中間階級の居住となっている。また、下町は開けっぴろげで秘密がなく、隣人同士の親しい関係が存在しており、祝い事に熱狂する傾向がある。山の手が個人主義であり、私的生活領域を守り、近隣に無関心であり、祭りに気乗り薄なことと、きわめて対照的である。また、下町では母親が仕事に出かけている間、近所の人々が子供たちの世話をするなど、留守番、金銭の貸借、電話の借用、お祝いや病気の際の贈り物、葬式の援助など、「相互扶助」の精神が強くなっている。そしてまた、下町の人々は義理・人情が篤いものとされている［2‐3］。

ただし、ドーアによれば、義理は人々の行為が自発的な好みからではなく、義務感から生じているものである。その行為は特定の人、または集団に対する義務と考えられ、それを履行しない場合には特定の人物や集団を怒らせたり、失望させたりするようになる。このような義務感から生じる行為が義理行為であり、このような気持ちをもった関係が義理関係であ

※ドーア
(Ronald Philip Dore)

（一九二五－）

イギリスの社会学者。日本の都市、農村、工場、教育などに関する研究を行った日本研究者として有名である。主な著書に『都市の日本人』（一九五八）、『日本の農地改革』（一九五九）、『学歴社会 新しい文明病』（一九七六）、『貿易摩擦の社会学』（一九八六）、『働くということ』（二〇〇四）などがある。

※参与観察
(participant observation)

参加観察ともいう。質的調査法のひとつである。大量アンケートなどの量的調査とは異なり、研究者が一定期間、同じ集団や社会に滞在して、その一員として活動しな

るということになる。

ドーアが調査したところによると、下町に住む人々の多くが農村出身者であり、近隣関係が親密な、小さな固定的な共同体の中で育ってきている。そして、都市では町内会や隣組というフォーマルな制度が、情緒的にも物質的にも重要なインフォーマルな紐帯を隣人と取り結ぶきっかけを与えてくれている。したがって、下町においては、住民移動が激しく、間接的接触が増え、男性たちは直接接触の場を職場に求め、地域的な近接性とは無関係になっていくのに対して、主婦たちは都市生活よりも村落生活にふさわしい親しい間柄を隣人とのあいだに取り結ぶようになっている。

○ 人口密度が高く，せせこましく，下層中間階級の居住となっている.
○ 開けっぴろげで，秘密がなく，隣人同士の親しい関係が存在し，祝い事に熱狂する傾向がある.
○ 留守番，金銭の貸借，電話，病気，お祝い，病気の際の贈り物，葬式の援助など、「相互扶助」の精神が強い.
○ 義理・人情が篤い.
○ 濃密な社会関係が存在し，「相互扶助」が活発に行われ，平等な関係が存在している.

2-3　下町の特質（ドーア）

つまり、下町は人々がバラバラな「アノミー」状況ではなく、むしろ、そこには濃密な社会関係が存在し、「相互扶助」が活発に行われ、しかも、そこにおける人々の間には平等な関係が存する「社会化」がなされている。下町には地縁に基づく人間関係と「共同性」が健在である。そこではプライバシーがほとんど存在しないが、あいさつや子守、留守番や葬儀、金銭やものの貸し借りなど、「こまったときはお互い様」として、「相

『都市の日本人』

がら、内部から人々の生き方などを明らかにする方法である。参与観察によって、人々の微妙な内面の世界や集団、社会の変化を知ることができるが、客観性の確保が困難であり、費用と時間がかかるという難点がある。

互扶助」が多くなされている。そしてまた、子供の遊び場でのガキ大将や横丁の隠居などが「コミュニティ」での保護的・教育的な役割を果たしている。そこから、下町の人情が形づくられ、奉仕の精神、連帯感、利他主義、共同感覚などが生み出されるようになっている。

❖下町の変容

けれども、近年、下町が大きな変容を迫られつつある。とりわけ、平成に入ってからは下町の衰退が急にいわれるようになり、下町そのものが消滅してしまうと危惧されている。都心部の人口減と空洞化によって、下町の人口が減少し、少子・高齢化が進行しており、そこでは産業が不振となり、居住環境が悪化し、建物が老朽化し、また、非行・犯罪など社会病理現象の発生が顕著となってきている。

他方に、グローバル化に伴って、空洞化を埋める形で外国人居住者の流入と定住が急速に進み、そこに文化的軋轢が生じるなど、エスニシティ問題が発生してきている。このようなことから、下町が衰退し、下町文化の崩壊が始まったといわれている。

しかし、下町の危機や下町文化の消滅に対して、他方では、下町社会とその文化は、その底流においてなお存続し続けているともいわれる。また、下町ノスタルジーや下町存続を願う人々の気持ちから、「懐かしい下町」発見などの下町ブームも生じてきている。そして、子育てや高齢者の介護という社会的必要性から、下町が見直され、下町の再生や下町文化の活性化の動きが次第に起こりつつある。

四　下町の再生

❖下町の再生

　こんにちの下町の再生は、伝統型や近代型の下町の復活や再生ではなく、現代的下町の新たな形成を意味している。マッキーヴァーにしたがえば、「コミュニティ」は「地域性」とともに「共同性」という特性をもつが、「現代コミュニティ」の「共同性」は、村落共同体におけるように、互いを束縛する「共同性」を意味していない。新たに生み出される「共同性」は主体的人間の自由な行為から生み出される「共同性」である。そこにおいては自発的な人々の積極的な活動がベースとなって、自由なネットワークの形成がなされている。

　こんにち、都市においては「専門処理」システムがその能力の限界を越えてきていることから、「相互扶助」的ないし「共助」的システムの機能が見直されてきている。ここから、「下町」の必要性は「専門処理」システムのサブ・システムとして機能することになる。現在、子育てや介護などが個人や家族の手に負えなくなってきており、家族の機能の脆弱化と負担増からいっても、むしろ、それらは共同でやった方がよい、というようになってきている。

　そこに教育・文化、医療・福祉、また、防犯・防災などの「相互扶助」が行われる「コミュニティ」の必要性が生じてきている。そして、助け合いの精神をもつ下町文化が改めて評価されるようになっている。

❖「新しい下町」

これまでの伝統的な下町の「共同性」は、権力など経済外的強制によって維持されたものであり、また、近代的な下町の「共同性」は、貧困などの経済的依存関係が必要という経済的強制によって維持されたものであって、義理・人情などの下町文化は、必要に迫られた「共同性」でもあった。これに対して、現代的下町の「共同性」はこのような強制から解放され、人々の自由な選択に基づく「共同性」となる。子育てや高齢者介護に関する人々の行為は上からの命令や規則によるよりも、一人ひとりの意志と責任によるものであり、各自の自主性が尊重されるものとなっている。このような自発的、能動的な支援、共助、協力が「新しい下町」の再生の基本となるべきであろう〔2 - 4〕。

「新しい下町」においては、人々の「コミュニティ活動」へのボランタリーな参加・参画が行われ、利他的精神に基づく協同がなされるようになる。そこでは「モノ」の「目的合理性」ではなく、「ヒト」と「ヒト」との「コミュニケーション合理性」に基づき、相互の理解と合意による行為の調整がなされ、人々の自由で主体的な「コミュニティづくり」が行われるようになる。その「コミュニティ」は柔軟で、流動的で、動的な構造をもち、そこから新しいものの創造が可能とされている。そこでは「地域性」は拘束力をもたず、むしろ、「情報コミュニティ」を通じて「地域性」の範囲の拡大がなされ、物理的近接性を越えた、新たな「共同性」が生み出されるようになる。

○「専門処理」システムのサブ・システムとして，「相互扶助」を行う「コミュニティ」となる.

○ 子育てや高齢者介護に関する人々の行為は，一人ひとりの意志と責任によるものであり，各自の自主性が尊重される.

Q&A

Q

わが国の「コミュニティ」は、どのように変容してきたのだろうか。そして、これからの「コミュニティ」には、どのようなことが期待されているのだろうか。

A

日本社会が「土着型社会」から「流動型社会」に変化することによって、村落共同体が崩壊した。そこから、人々の「共同性」が次第に弱化し、希薄化していき、人々のあり方がそこにただ住んでいるだけの、単なる「地域社会」が生じるようになった。けれども、やがて人々の志向が移動から定住に大きく変わることによって、「コミュニティの再生」がいわれるようになった。

倉沢進によると、「コミュニティ」の変容は、共通ないし共同の問題の解決方法が素人の「相互扶助」的ないし「共助」的システムに依存する「村落的生活様式」から、専門機関による「専門処理」システムが確立している「都市的生活様式」に移行するようになった。

しかしまた、都市においても「専門処理」システムが能力を越えるようになると、「相互扶助」的ないし「共助」的システムが必要とされるようになった。そこで、トータル・システムとしての「専門処理」システムと、その中にサブ・システムとして「相互扶助」的あるいは「共助」的システムを組み込む必要が生じてきている。

R・P・ドーア、青井和夫、塚本哲人訳『都市の日本人』岩波書店、一九六二（原書一九五八）。

参与観察を通じて、東京下町の住民生活を調査研究したものであり、日本の家族制度、親族、立身出世主義、政治的態度、近隣や町内会でのつきあい、儀礼や宗教などについて具体的で詳しい分析がなされている。

奥田道大『都市型社会のコミュニティ』勁草書房、一九九三。

現代社会におけるコミュニティの状況、都市、郊外、集団文化、コミュニティ・リーダーなどの問題を調査研究から明らかにし、コミュニティの変化と二一世紀のコミュニティのあり方について詳細に検討している。

倉沢進『コミュニティ論』〔改訂版〕放送大学教育振興会、二〇〇二。

コミュニティの定義、町内会、住民活動、祭り、スポーツ、環境、住民自治、地域組織の現状について具体的に取り上げ、さらに、二一世紀のコミュニティのゆくえについて論じている。

玉野和志『東京のローカル・コミュニティ』東京大学出版会、二〇〇五。

東京都内のひとつの町を取り上げ、そこにおける住民の動向、町内社会の成立、町内社会の世代交代、母親たちの挑戦など、地域の変貌について具体的に解明している。

第三章　「コミュニティ」の未来は
——二一世紀の「コミュニティ」

一　未来の「コミュニティ」

❖ 未来都市「ニューヨーク・シティ」：アシモフ『鋼鉄都市』（一九五三）

SF作家のI・アシモフ※（Asimov, 1920-92）の未来小説『鋼鉄都市』（一九五三）は「ニューヨーク・シティ」の様子を描いたものである。「ニューヨーク・シティ」は現在のニューヨーク・シティではなく、後に建設される未来の都市の「ニューヨーク・シティ」を意味している。
未来都市「ニューヨーク・シティ」について、アシモフは次のように描いている。

※アシモフ（Issac Asimov）（一九二〇－九二）
アメリカのSF作家、生化学者。科学、歴史、言語、聖書など、多くのテーマを取り扱っており、作品に『宇宙の小石』（一九五〇）、『鋼鉄都市』（一九五三）、『火星人の方法』（一九五五）など多数ある。

　シティの構造は完全な科学的建設計画にもとづいていた。まず中央には、シティの厖大かつ複雑をきわめる行政区が集中している。そして、つぎには市民の居住区がシティ全体と各居住区相互間の有機的な関連を慎重に考えた計画にもとづいて位置し、そのあいだを、高速自動走路と支線とが縦横に連絡していた。その外側に、シティの外郭にむかって、各種の製造工場や水耕農園、イースト菌醸造工場、発電所が立ち並び、これらすべての混淆《メレィ》を通じて、水道管や、下

『鋼鉄都市』

水溝や、学校や監獄や商店や動力線や通信網が蜘蛛の巣のように張りめぐらされていた。
（アシモフ、福島正実訳『鋼鉄都市』早川書房、一九七九（原著一九五三）、三八頁）

未来都市「ニューヨーク・シティ」は完全な科学的建設計画に基づいており、行政区、居住区などの区別分けと有機的な関連づけがなされ、その間に高速自動車道が通っている。外側には工場、農園、発電所が立ち並び、学校、商店、そして、動力線や通信網が蜘蛛の巣のように張りめぐらされている。

アシモフの描く都市は、全体が鋼鉄とコンクリートに覆われ、外部の自然とは完全に遮断された「コミュニティ」となっている。それは高度化した科学・技術に裏付けられ、社会工学の制御によって合理化され、計画的につくられた人工の大都市である。この「ニューヨーク・シティ」こそ自然の環境に対する人類の優越の極地を示すものである。そして、「ニューヨーク・シティ」は二〇世紀において描かれた「未来の都市コミュニティ」のイメージとなっている。

❖「コミュニティ」としての都市の否定：シマック『都市』（一九五二）

これに対して、同じくSF作家のC・D・シマック※（Simak, 1904-88）は、都市はもはや時代錯誤であり、その効用を云々する時代はもうとっくに過ぎてしまっていると述べる。小説『都市』（一九五二）において、シマックはその様子を次のように書いている。

※シマック（Clifford Donald Simak）（一九〇四－八八）
アメリカのSF作家。ファンタジー小説やユーモア小説も書いている。作品に『大宇宙の守護者』（一九五〇）、『都市』（一九五二）、『宇宙からの訪問者』（一九八〇）などがある。

最初、都市は一つの種族の棲家《すみか》であって、お互いの防衛上団結して住んだ場所であります。後にはその防衛を強化するために、都市の周辺に牆壁が備えられたこともある。これは最後に取り除かれましたが、都市はなお商取引の便宜上存続しました。そうして、これは現代まで、人々が自分の職場の近くに住まなければならず、しかも、その職場が都市の中にある以上、やむを得ず続けられてきたわけであります。

しかし、今日では、もはやこれも通用しません。家庭用の飛行機をもってすれば、今日の百マイルは一九三〇年の五マイルよりも近い距離であり、通勤に数百マイルを飛んで行き、仕事を終えて、また飛んで帰ることができます。しからば、もはや狭い都市の中に罐詰になっている必要はないわけでありましょう。

(シマック、林克巳ほか訳『都市』早川書房、一九七六(原著一九五二)、三三頁)

シマックによると、かつての都市は一つの種族の棲家であり、人々が防衛上団結して住む場所であった。そして、都市は商取引のために存続し、人々は都市の中に自分の住居をもっていた。しかし、今日では、家庭用の飛行機で数百マイルを飛んで行き、飛んで帰るようになり、もはや狭い都市の中に缶詰になっている必要はなくなっている。

つまり、シマックは、アシモフとは対照的に、「コミュニティ」としての都市の存在を否定している。交通や通信技術の高度化によって、人々は狭い都市から脱出

『都市』

しており、都市は「コミュニティ」としては無用な存在になってしまっている。まさに、「脱コミュニティの時代」の到来である。

アシモフとシマックの都市のイメージはきわめて対照的である。しかしまた、両者は共通して、都市を近代科学・技術の進歩・発展に基づいて形成されたものと考え、機能主義的観点から都市の役割を性格づけ、合理化され、能率化された「未来都市コミュニティ」のあり方を示している。

✣情報都市「千葉」：ギブスン『ニューロマンサー』（一九八四）

他方、SF作家W・ギブスン※（Gibson, 1948-）の小説『ニューロマンサー』（一九八四）は高度情報化の進展によって生み出された未来都市を描いている。ギブスンは電脳空間（サイバースペース）からなる情報都市「千葉」の様子を次のように描いている。

> 今やケイスが泊まっているのは最下級の棺桶《コフィン》。港にいちばん近く、ドックを巨大なステージのようにひと晩じゅう照らす石英ハロゲン投光器の下だ。TV空の眩しい光のおかげで、東京《トウキョウ》の灯はおろか、富士電機《フジ・エレクトリック》のホログラム看板すら見えず、東京湾《トウキョウ・ベイ》はただっ広い黒で、そこでは鴎《かもめ》が、白い発泡ポリスチレン《スタイロフォーム》の漂群の上空を旋回する。港の手前には街がある。工場のドーム群と、それを睥睨《へいげい》する企業の環境建築《アーコロジー》の巨大な立方体群とがある。港と街を仕切るように、細長

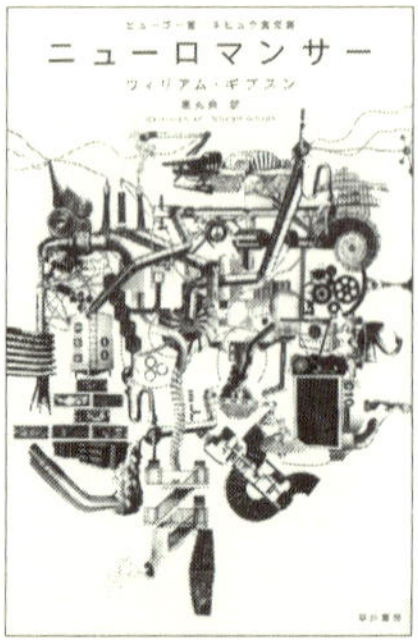

『ニューロマンサー』

※ギブスン（William Ford Gibson）（一九四八－ ）
アメリカのSF作家。「サイバネティックス」と「スペース」から、ネットワーク上の空間である「サイバースペース」という用語を造ったといわれる。作品に『ニューロマンサー』（一九八四）、『クローム襲撃』（一九八六）、『カウント・ゼロ』（一九八六）などがある。

く、古い街並の中間地帯があり、正式な名前もない。それが〝夜の街《ナイト・シティ》〟であり、中心が仁清《ニンセイ》だ。仁清《ニンセイ》沿いのバーは、昼間はシャッターをおろしてなんの変哲もない。ネオンを消し、ホログラムも停めて、毒を含んだ銀色の空の下で待ちかまえている。

（ギブスン、黒丸尚訳『ニューロマンサー』早川書房、一九八六〔原著一九八四〕、一八頁）

情報都市「千葉」はだだっ広く、黒い東京湾を前にして工場のドームと企業の環境建築群があり、その間に細長く古い街並があり、それが仁清という夜の街を形成している。他方、この情報都市は無機質の色合いが濃厚な「コミュニティ」である。その「コミュニティ」は近代合理性に彩られた機能や能率に特徴づけられた世界となっている。近代科学・技術は効率を基本原理とし、そこでの合理性は技術的、形式合理性であり、それは人々を画一化してしまうものとなっている。

このように、アシモフ、シマック、ギブスンらのＳＦ作家が描く未来の「コミュニティ」は近代科学・技術によって生み出された都市であり、そこでは利便性や効率性が中心原理となり、すべてが画一化されたものとなっている。そこにおいては具体的人間が不在であり、人々の生活、とりわけ日常生活の現実は無視されてしまっている。そして、人々の「ココロ」のあり方や「ヒト」と「ヒト」とのつながりについては少しも考慮されないものとなっている。

けれども、これらの未来都市のイメージは実際の「二一世紀のコミュニティ」とは必ずしも合致していない。実際の「コミュニティ」においては人々の日々の生活がまぎれもなく営まれており、そこでは人々がそれぞれ独自の生き方をしており、必ずしも画一化されているわけではない。そしてまた、少子・高齢化、グローバル化、情報化などの進行によって、さまざまな問題が具体的に生み出されており、それが現実の「コミュニティ」の姿となっている［3-1］。

二　二一世紀の「コミュニティ」の現実

❖少子・高齢化

二一世紀の現実の「コミュニティ」において起きている第一の問題は少子・高齢化の問題である。わが国において、こんにち、家族が急速に少人数化し、少子・高齢化が進行してきている。そして、地域社会は農業の衰退に伴って「農村コミュニティ」が疲弊する一方、大都市圏では人口の集中が進み、道路・交通・住宅などの都市問題が深刻化している。

とりわけ、「都市コミュニティ」においては、現在、子育ての問題が大きくクローズアップされてきている。都市では育児経験のない若い母親が相談できる家族や親類が身近に存在しないことにより、育児不安や育児ノイローゼに陥りやすくなっている。また、都市においては、道路・交通事情などによって子供たちの遊び場所が少なくなり、塾通いに忙しくなることなどによって遊び時間が減少し、仲間集団のつながりが薄くなっている。そして、地域のガキ大将や横丁のご隠居がその姿を消してしまっていることによって、「コミュニティ」のしつけ

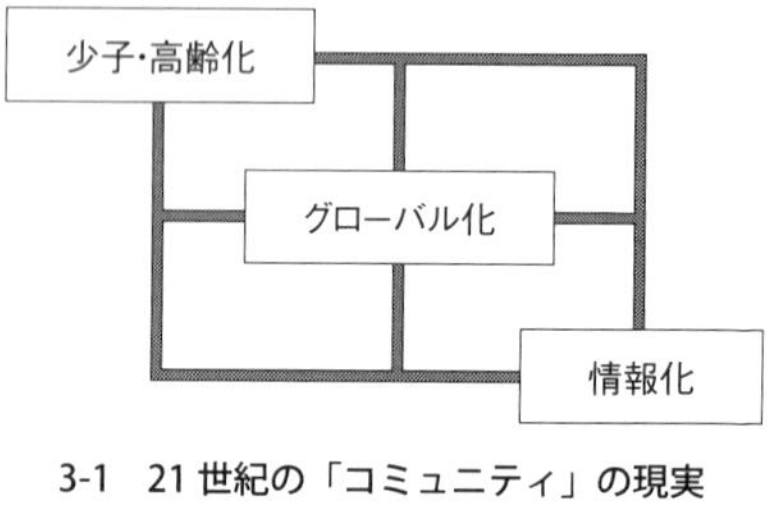

3-1　21世紀の「コミュニティ」の現実

※**グローバル化**（globalization）
商品、資本、人材、文化などが国境を越えて広がり、世界が時間的、空間的に近接することを表している。グローバル化によって、政治や経済のボーダーレス化が進み、また文化の一元化が生じるようになる。

力や教育力が大幅に減退してきている。

他方、高齢者介護に関して、いまや、家族の負担が過剰となり、その維持がきわめて困難になってきている。都市においては、それに対する「コミュニティ」の援助や支援の体制が十分に整っておらず、多くの人々にとって「住みにくいまち」となってしまっている。

❖グローバル化※

二一世紀の現実の「コミュニティ」において起きている第二の問題はグローバル化である。グローバル化とは人、物、情報などが世界的規模に広がり、世界中のものがつながるようになることである。社会のグローバル化によって、世界の人々が直接的また間接的に接触する機会が大幅に増加してきている。

ＮＨＫ放送研究所の調査によると、外国人との接触経験は、近年、増加傾向にある。外国人とこれまで「つきあったことのない」人が、一九九三年の六一％から二〇〇八年には四八％に減っている。これに対して、近くに住んでいる「外国人とあいさつをかわしたことがある」人や「外国人と一緒に働いたことがある」人がそれぞれ一二％から一八％に増え、「食事に招待した、された」人は九％から

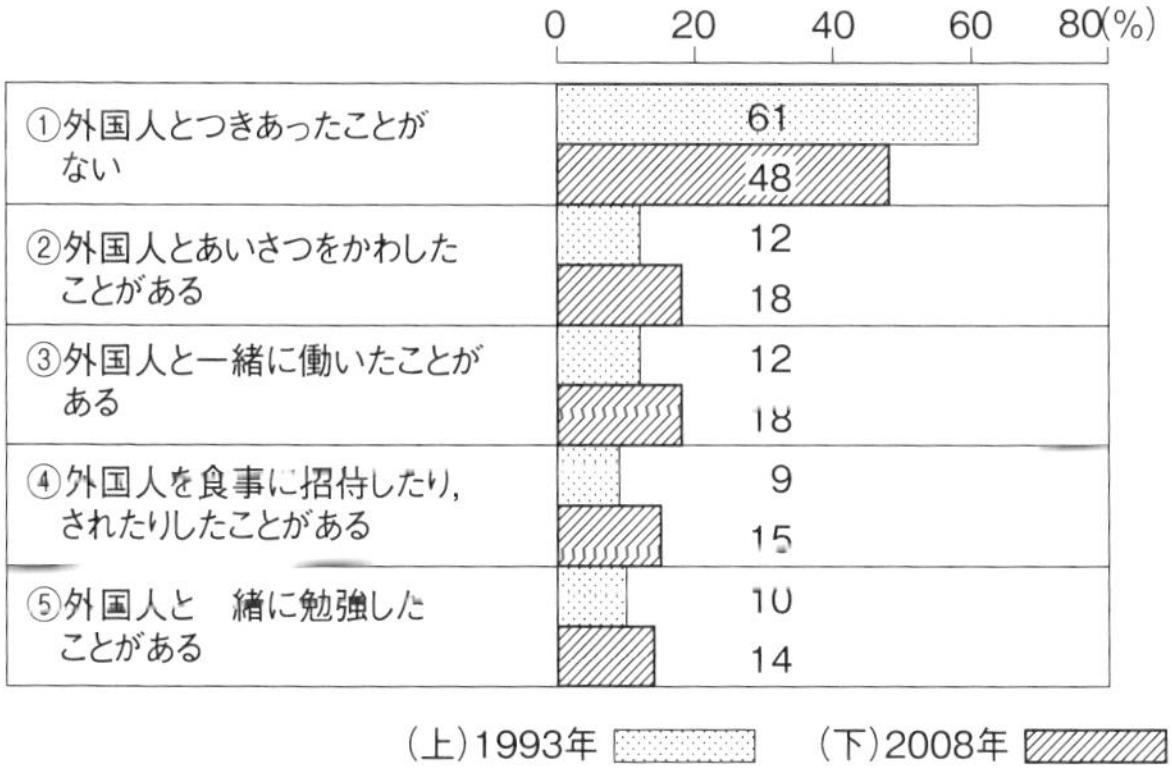

出典：ＮＨＫ放送文化研究所編『現代日本人の意識構造』〔第７版〕日本放送出版協会，2010，104 頁より作成

3-2　外国人との接触

一五%に、「一緒に勉強した」人が一〇%から一四%に増えている［3-2］。

このように、人的交流や物的流動など、さまざまな事柄に関して、世界における物理的距離が克服され、時間的、空間的に近接するようになっている。そして、グローバル化によって、人々の社会的、文化的距離が縮小化されるとともに、人々がローカルな束縛から解放され、コスモポリタン的志向を身につけるようになってきている。

けれどもまた、グローバル化は人々の間に利害や価値観のずれや対立によってトラブルを生み、社会的な軋轢を引き起こすようになっている。グローバル化は世界を単一の方向に向かわせ、人間と社会を均質化し、生活や文化などの一元化や画一化をもたらしている。そして、一定の基準からはずれたものに対して、排除や差別を引き起こすようになっている。物理的距離の克服が必ずしも社会的、文化的距離の克服につながっていないのである。

❖情報化

二一世紀の現実の「コミュニティ」において起きている第三の問題は情報化である。新しい情報メディアの導入によって、自治体行政が効率化され、住民登録や印鑑証明などの短縮化や利便化が進んでいる。また、情報ネットワーク化の推進によって、福祉や保健・医療に関する体制が拡充されてきている。さらには、インターネットを利用した市民電子会議室や電子町内会などの「情報コミュニティ」の形成がなされてきている。

けれどもまた、この情報化によってプライバシーの侵害が生じたり、さらには、温かい人間的つながりが失われてしまうおそれもまた生じてきている。

三　二一世紀の「コミュニティ」のゆくえ

このような少子・高齢化、グローバル化、情報化などによって、二一世紀の「コミュニティ」に大きな変化が生じ、そこから、さまざまな問題が発生し、かつ、深刻化してきている。このような「コミュニティ」の現実に対して、どのように対処すべきであろうか。二一世紀の「コミュニティ」のゆくえについて、「コミュニティ」の福祉化、「コミュニティ」のグローバル化、「コミュニティ」の情報化のあり方を具体的に考えてみよう［3－3］。

❖「コミュニティ」の福祉化

「村落的生活様式」に代わる「都市的生活様式」は、内容的には「相互扶助」システムから「専門処理」システムへの移行として考えられる。けれども、そのことによって人々の間の人間的つながりが次第に失われる傾向がある。しかも、「専門処理」システムの能力に限界があることから、人々の都市生活に行き詰まりが生じてしまうことにもなる。

　家族の縮小化と孤立化によって、子育てや高齢者介護が物理的にも精神的にも負担過剰となり、家庭崩壊の危機も生じてきている。そこから、日常生活での社会関係の維持や育児、介護の社会化が必要不可欠となる。そこで、若い母親をサポートする子育て支援や高齢者介護を地域ぐるみで行うことが強く求められ、「コミュニティ」の相互援助や支援が要請される

「コミュニティ」の福祉化 ➡ 「福祉コミュニティ」の形成

「コミュニティ」のグローバル化 ➡ 「グローバル・コミュニティ」の形成

「コミュニティ」の情報化 ➡ 「情報コミュニティ」の形成

3-3　21世紀の「コミュニティ」のゆくえ

ことになる。そこに、「コミュニティ」の福祉化による「福祉コミュニティ」の形成が期待されるようになる。

「福祉コミュニティ」においては画一的な物的援助よりも、多様な人的サービスが必要とされる。しかも、それは人々の自由意志に基づく、自発的で能動的な行為によることが必要である。そして、それを支える「相互扶助」文化の形成が求められることになる。

❖「コミュニティ」のグローバル化

グローバル化は国家の枠組みを越えさせるとともに、人々の相互依存を拡大させ、そこにおいて互いの文化の共通理解を必要とするようになる。それは互いの文化の違いを認識することから始められ、それぞれの人々の意味づけや解釈の枠組ないし基盤となる文化のちがいを認識していかなければならない。しかも、それぞれの文化の特殊性を強調するだけではなく、相互認識と相互理解を通じて、その特殊性を越え、新たな普遍性が確立されていく必要がある。そのことによって、異質性を認める多文化共生・共存が実現されるようになる。

このようなことが積極的に展開され、そこから新たな「コミュニティ」の創造がなされ、そこに「グローバル・コミュニティ」が形成されるようになる。「グローバル・コミュニティ」においては、一方では、個別なもの、特殊なものが尊重され、多様化が押し進められるとともに、他方では、全体としてのつながりを維持・発展させていかなければならない。そこでは、多様化を踏まえた新たな文化の構築が目指されることになる。そのことによって、人々は自己の文化への愛着を失わず、また、他の文化を拒否することもなくなるようになる。

❖「コミュニティ」の情報化

情報化は、これまで、機能的な効率性を求めるものが多かった。そして、「ヒト」というよりも、「モノ」を中心に情報化が推し進められてきた。しかも、人々の個々の事情や状況があまり考慮されることなく、画一的、形式的に処理されてしまっていた。そのことによって、「コミュニティ」の人間的つながりも次第に失われてしまうおそれが生じている。

これからの「コミュニティ」の情報化はメディア重視から情報重視に移行し、情報機器よりも情報内容の充実をはかり、ハードよりソフトに重点をおく必要がある。また、「モノ」よりも「ヒト」や「ココロ」に関心を向け、経済の情報化よりも「コミュニティ生活」の情報化、「コミュニティ文化」の情報化の拡大・充実に力を入れることが必要であろう。

その場合、情報化によって内容の画一化よりも多様化が進められ、個性や差異が重視されるべきことになる。そしてまた、能率やスピードを重んじるのではなく、非能率やスローも十分配慮されるものとなり、機能よりも意味の追求が行われるべきものとなるだろう。そして、「コミュニティ」の情報化は上から、外から行われるのではなく、下から、内からなされるべきことになる。つまり、情報化への「住民参加」が必要不可欠であり、情報化推進の中心は「コミュニティ」の住民であり、住民主体の「コミュニティ」の情報化が行われなければならない。

このようなことによって、情報の流れが一方通行から双方向になり、人々の「コミュニティ」

への参加や一体化が進められ、「コミュニティ意識」の向上が図られることになる。

❖二一世紀の「コミュニティ」

二一世紀の「コミュニティ」は「新しい合理性」の道を踏み出すことによって成し遂げられる。「新しい合理性」とは「ヒト」と「ヒト」との間の合理性を意味している。これまでの合理性は産業や生産中心の経済効率の合理性であった。このような合理性を超えて、「ヒト」と「ヒト」のヨコのつながりの「コミュニケーション合理性」を展開する必要がある。「コミュニケーション合理性」は自然支配的な「モノ」の合理性である「目的合理性」とは異なっており、ドイツの社会学者のJ・ハーバーマス（Habermas, 1929- ）によると、人々の相互の理解と合意が形成され、行為の調整が行われる合理性である（ハーバーマス、河上倫逸ほか訳『コミュニケイション的行為の理論』一九八五―八七〔原著一九八一〕）。

そして、「コミュニケーション合理性」は障害者、被災者、高齢者などの弱者やマイノリティへの支援など、他者に目を向けた活動において具体的に展開される。それはまた、自己に向けられた活動ともなっている。このことは高齢化社会の人々の生き方の問題でもある。

わが国において二〇二〇年には三人に一人近くが六五歳以上の高齢者となり、しかも、いわゆる団塊の世代が大量に定年退職の時期を迎えることになる。これらの人々はポスト・カイシャ（会社）時代において「カイシャ人間」から「コミュニティ人間」に変わる必要がある。主婦の場合も、子供の巣立ちによって母親役割から解放されるようになる。そこで、人々は家に閉じこもり、粗大ゴミとなるのではなく、新たな生き甲斐を外に求め、社会とのかかわりをもつように、「コミュニティ」の活動に積極的にかかわるべきことになる。

　しかも、その「コミュニティ」は会社や家族の社会的束縛や強制から解放され、自分の望むことを自由に行うことのできる世界である。そこにおいて、人々は自己の才能や人生経験を生かした形で「コミュニティ」に貢献することができる。そして、「コミュニティ活動」においては効率重視ではなく、スローの意味も理解するような価値観の転換を行うことが必要となる。

　このような「コミュニティ活動」は自己本位ではなく、他者たちのための社会的行為である。しかも、そこにおいて他者との間に自己の存在価値を見出し、そこに新しい自分を発見できるようになる。そこに生み出される新しい「コミュニティ」はヨコの構成原理からなり、人々の「コミュニティ」へのかかわりは自由意志に基づく主体的参加となっている。二一世紀の「コミュニティ活動」はこのようなものとして性格づけられる。

　そして、そこにおいて人々の間に新しい「親密性」が生み出されるようになる。新しい「親密性」は経済的な貧しさから生まれる強制的な「共同性」や義務感から生じた「義理・人情」の世界でもない。また、マイホーム主義のように、隔離された「私的世界」に限定された非合理的な「親密性」でもない。新しい「親密性」は個人のプライバシーや独自性を認めない一元的なものではなく、互いの個性や異質性を認める多様性からなり、緩やかな人間関係における「親密性」となる必要がある。

二一世紀の「コミュニティ」は、一方に、「相互扶助」という点において、マッキーヴァーが規定した「アソシエーション」の機能をもつとともに、他方において、「親密性」という点において、パークが主張した「ソサイエティ」の意味を含んだ、広い内容をもった「コミュニティ」が具体的に実現されることになろう。

Q&A

Q

少子・高齢化、グローバル化、情報化など、社会の大きな変化・変容によって、「コミュニティ」の「共同性」にゆらぎが生じてきている中で、「コミュニティ」の福祉化、「コミュニティ」のグローバル化、「コミュニティ」の情報化は今後どうあるべきであろうか。

A

現在の都市においては少子・高齢化が進み、日常生活での社会関係を維持し、育児や介護を家族だけですることが困難となってきている。また、グローバル化によって、住む人々の意味づけや解釈が多様化し、さまざまな軋轢や対立が生み出されるようになっている。そして、メディア重視、情報機器中心、ハード重点の情報化は、人々のつながりや「ココロ」を軽視するおそれが生じている。

そこで、「コミュニティ」の相互援助や支援が可能な「福祉コミュニティ」の形成がなされ、また、相互認識と相互理解を通じて、特殊性を越えた、新たな普遍性が確立される「グローバル・コミュニティ」の形成が期待される。さらに、情報化が情報重視に移行し、情報内容の充実を図り、ソフトに重点をおく「情報コミュニティ」となることが求められる。そこから、人々は「モノ」よりも「ヒト」や「ココロ」に関心を向け、「コミュニティ生活」の情報化、「コミュニティ文化」の情報化の拡人・充実に力を入れることが必要となる。

J・ハーバーマス、河上倫逸ほか訳『コミュニケイション的行為の理論』（上、中、下）、未來社、一九八五―八七（原著一九八一）。

K・マルクス、M・ウェーバー、É・デュルケム、G・H・ミード、T・パーソンズ、A・シュッツの理論、また言語行為論など、これまでの哲学や社会科学の理論を批判的に検討し、そこから現代社会に関する独自の理論として、コミュニケーション合理性論とコミュニケーション行為論を新たに展開している。

蓮見音彦、奥田道大編『二一世紀日本のネオ・コミュニティ』東京大学出版会、一九九三。

二一世紀のコミュニティの問題について、社会の高齢化、情報化、国際化などによるコミュニティの変化・変動の様相を具体的に明らかにし、そこから、二一世紀のネオ・コミュニティの展望を試みている。

宮島喬ほか編著『グローバリゼーションと社会学』ミネルヴァ書房、二〇一三。

社会学の観点から、グローバリゼーションとそのインパクトについて多面的に論じており、また、フェミニズム、コミュニティ、環境問題、文化、メディアなど、グローバリゼーションの現実的過程と歴史的変化を問題としている。

第四章　社会と空間の変化を読み解く
——大都市コミュニティの社会構造①

一　社会変動と都市社会の再編

❖全体社会の変動

　大都市コミュニティの社会構造について検討する前に、その変化に大きな影響を与えている全体社会の変動について確認しておきたい。M・ショウバーグ※（Sjoberg, 1922-）、D・ベル※（Bell, 1919-2011）、M・カステル※（Casstells, 1942-）の議論を援用し、前産業型社会、産業型社会、脱工業型社会という大きな社会変動についてまず整理する。

　前産業型社会とは、人や動物の力のみを主たるエネルギー源としたテクノロジーによって支えられていた社会である。労働の専門化・分業は少なく、生産はギルド（特権的同業団体）を単位として手工業の形で営まれていた。伝統的・呪術的・聖的な要素が、宗教の領域だけでなく、政治・経済・教育などの諸領域にも浸透していた。

　産業革命を経験した後の社会は、人や動物の力以外のエネルギー源を利用するテクノロジーによって支えられている産業型社会となった。労働の専門化・分業が極度に発達し、信用制度の発達と結びついた資本が増殖した。合理主義・個人主義・普遍主義・業績主義、科学的

※ショウバーグ（Gideon Sjoberg）（一九二二－　）
　アメリカの都市社会学者。産業型都市のルーツをたどる中で、都市の範型が何かを比較都市社会学的に明らかにすることをめざし、都市化と産業化、比較都市類型分析など多くの寄与をなした。代表作は『前産業型都市』（一九六八）である。

※ベル（Daniel Bell）（一九一九－二〇一一）
　アメリカの理論社会学者。五〇年代後半には「イデオロギーの終焉」論の先頭に立ち、

精神の優位、経済活動の重視などが特徴の社会となった。

前産業型社会は、その経済を農業や鉱業、漁業に基礎をおく採取型の社会であり、産業型社会は物の生産のためにエネルギーや機械技術を用いる製造型の社会であった。それに対して、現代社会は知的技術が中心の社会であり、製造型というよりは、むしろ、加工処理型の社会であるため、脱工業型社会と呼ばれている。

❖都市社会における社会構造の変動

そのような全体社会の変動の影響を受けつつ、都市社会の社会構造・空間構造はともに再編成されてきた。はじめに社会構造の再編について概説しておこう。

前産業型都市の社会構造は、少数のエリート層と、多数の手工業に従事する下層民、そして少なからぬ数の被差別者層とに分化していた。中間階層が欠落しており、社会移動が少ないことに特徴があった。他方、産業型都市の社会構造の特徴は、経済活動が重視され、業績主義化したために、階層間の流動性が増加し、社会移動が増大し、中流階層が形成されたことにある。

脱工業型都市における社会構造の特徴は分極化という用語で語られることが多い。大量生産、大量消費に支えられた工業生産中心の社会から、情報をベースとした生産が主軸となる社会へと転換したことにより、常時、大量に生産するのではなく、フレキシブルに生産することの重要性が増大した。フレキシブルな生産は一時契約的な雇用、不安定就労層の増大に

六〇年代以降の社会変動の中で脱工業社会論を展開し、先進社会はいまや工業型社会から脱工業型社会へ突入しつつあると診断した。著書に『脱工業社会の到来』（一九七五）などがある。

※カステル（Manuel Castells）（一九四二－ ）

アメリカの都市社会学者。シカゴ学派に代表される伝統的な「都市社会学の知」批判という点では新都市社会学の理論的柱をなした。著書に『都市問題』（一九七二）、『都市とグラスルーツ』（一九九七）などがある。

つながる。こうして、情報をベースとしたフォーマルな部門において上級労働に従事する人と、労働集約的なインフォーマルな部門において下級労働に従事する人に分化されていくこととなるといわれている。

❖都市社会における地域構造の変動

社会構造の再編は地域構造・空間構造の再編をもたらしていく。前産業型都市においては、政治・軍事・教育・宗教の諸領域で支配的な地位を独占していた少数のエリート層が都心に集住し、下層・賤民は周辺で暮らすというように地域的に分化していた。他方、産業型都市においては、経済的合理性に基づいて、最も利便性が高く、土地が希少である都心は経済活動に利用されることとなり、住宅機能は周辺部に広がることとなった。社会階層との関連でみると、中心部に近いほど下層が、上層は周辺か郊外に生活の場を求めることとなった。

脱工業型都市においては、地域構造はどのように再編されているのであろうか。それを検討するために、まずは高度経済成長期以降の東京大都市圏に限定して、次に検討してみたい。

二　産業型社会への変化と都市社会の再編

✣社会地図

全体社会の社会変動と都市社会における社会構造の変化は、どちらも手で触ることも、直接目で見ることもできない。しかしながら、それらの変動と連動して引き起こされた地域構造の変化は、地域社会の空間構造の再編をもたらしていくため、空間構造を可視化する道具があれば、それらの変動の方向性と意味を把握することができるようになる。空間構造を可視化する、すなわち、目の前に広がる社会のどこでどのような事象が生起しているかをとらえるためには、地図を用いるのが最も効果的である。

地図をもって街に出かけ、街で生起しているさまざまな事象について、その事象が生起している場所を地図上で特定し、そこに点を描く（プロットする）。こうしてスポット・マップ（地点地図）ができあがる。犯罪が起きた場所を描いたスポット・マップからは、犯罪が起きやすい空間が示され、なぜ犯罪が生じやすいのかを考えるためのヒントが与えられる。

また市区町村などの行政界を単位として、そこに住んでいる人の数と、過去五年間にその場所に流入してきた人の数を調べ、流入人口が占める比率を算出し、比率の高低を色の濃淡で塗り分けると、レイト・マップ（比率地図）ができあがる。流入人口比率のレイト・マップからは人口流入が盛んな地域が示され、なぜその地域に人が集まってくるのかを考えるためのヒントが与えられる。

❖東京圏の社会地図

脱工業化、バブル経済の発生と崩壊など東京が激動した、直前の一九七五年と直後の一九九〇年の二つの時点で、東京圏の空間構造がどのように変化したのか、その変動の内実を明らかにするために、倉沢進・浅川達人編『新編 東京圏の社会地図一九七五–九〇』(東京大学出版会、二〇〇四)が執筆された。研究対象とされた範囲は東京都、埼玉県、千葉県、神奈川県の一都三県に茨城県の南部を加えた範囲である。データは一九七五年および一九九〇年のセンサスデータに加え、各種名簿データ、電話帳データなど社会調査を目的とせずに収集された資料などから得た。東京圏全体を扱う場合には、分析および表章の単位を市区町村とした。

地図化の手法としては、主にレイト・マップを用いた。各指標を平均値と標準偏差を用いて六段階に区分し、値が大きいほど色が濃くなるように塗り分けることによって作成した。各地図の凡例の下段に区分の基準とした値、上段に指標値一〜六に分類された表章単位(市区町村)の数を、それぞれ記した。

❖高度経済成長期の東京圏の人口増加率

一九六〇年から七五年の人口増加率を示した社会地図［4－1］を見てみよう。東京都区部や千代田・中央の両区をはじめ指標値が低い。その外周部にあたる埼玉県南部、千葉県北西地域、神奈川県北東部は高指標値地域が広がり、その外側は再び指標値の低い地域が広がるという同心円型の分布となっている。高度経済成長期には働く場や生活の場を求めて東京

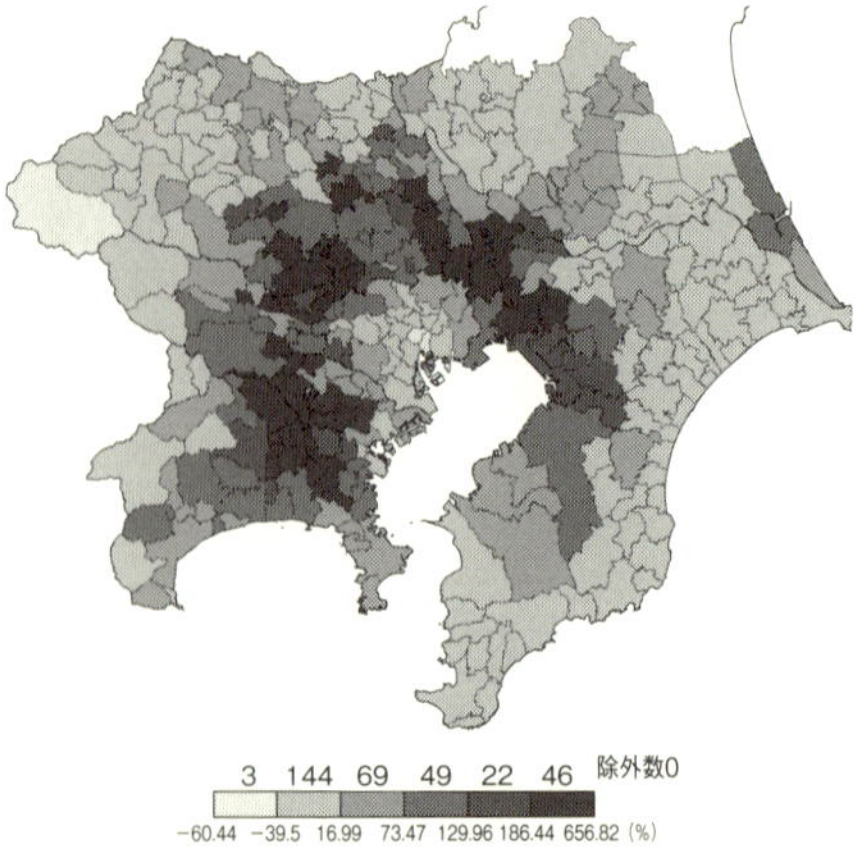

出典：倉沢進，浅川達人編『新編 東京圏の社会地図 1975-90』東京大学出版会，2004，51頁.

4-1 人口増加率 1960-75

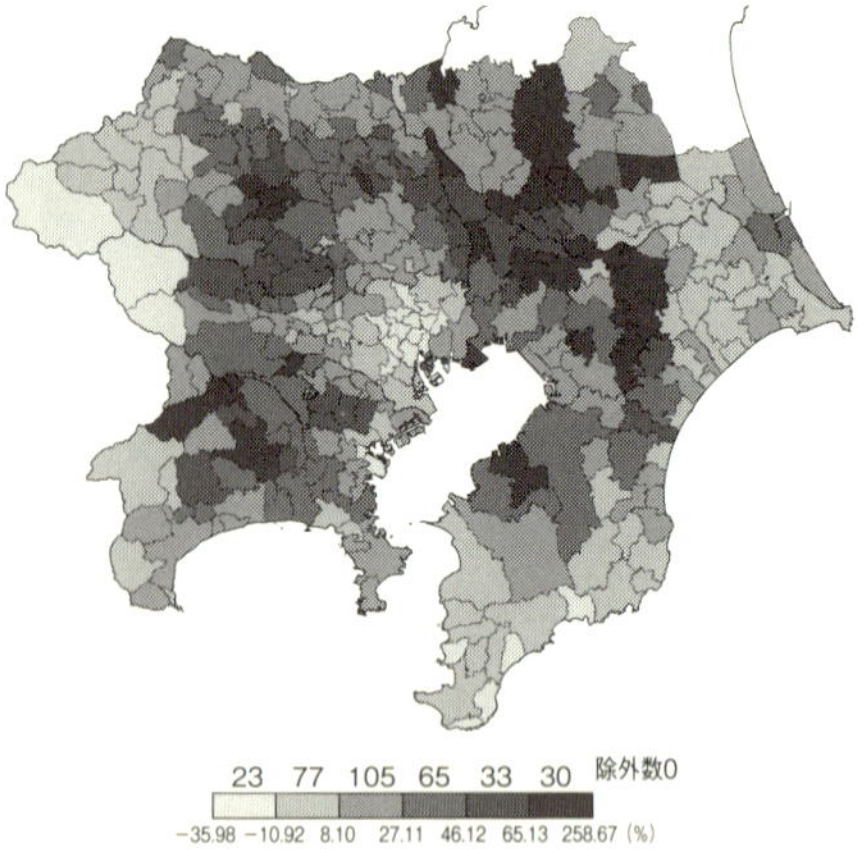

出典：倉沢進，浅川達人編、前出、東京大学出版会，2004，51頁.

4-2 人口増加率 1975-90

に大量の人々が流入していたが、その多くは千代田区を中心とした場合の二〇~三〇キロメートル圏の地域に流入していたことがわかる。

三　脱工業型社会への変化と都市社会の再編

❖経済低成長期からバブル経済期までの東京圏の人口増加率

[4-2]は、一九七五年から九〇年の人口増加率を示している。都心部で低指標値の地域が広がり、これに近接する地域で高指標値、周縁部では再び低指標値地域が広がるという同心円型の構造は高度経済成長期の人口増加率と同じである。しかしながら、高指標値地域、すなわち、人口増加率が相対的に高い地域は四〇~五〇キロメートル圏へと離心化していた。

東京都の人口動態によれば、経済低成長期以降バブル経済期まで転出数が転入数を上回り、人口は減少傾向にあった。このことを考え合わせると、高度経済成長期に流入してきた人々が、経済低成長期からバブル経済期までの間に、周縁部に向かって移動したことが推測される。

さらには、高度経済成長期に東京圏に流入してきた人々の多くは団塊の世代、すなわち、一九四七年から一九四九年に生まれた人々であった。団塊の世代は、まずは東京都区部の外周部にあたる埼玉県南部、千葉県北西地域、神奈川県北東部などの地域に流入し、その後周縁部に向かって離心化していったことを示していると考えられる。

❖バブル経済期以降の人口の変化

前述したとおり、東京都の人口動態を見ると、経済低成長期以降バブル経済期まで転出数が転入数を上回り人口は減少傾向にあった。しかしながら、一九九七年を境にして、転入数が転出数を上回り、社会増を示すようになった。この傾向は、東京都区部の人口動態でも同様にみられる。このことから、都心に人が戻ってきた、すなわち「都心回帰」という現象が指摘され始めた。

都市社会学者の松本康（1955- ）が作成した東京都区部におけるコーホート別人口の変化を表したグラフ［4‐3］を見てみよう（松本康編『東京で暮らす―都市社会構造と社会意識』東京都立大学出版会、二〇〇四）。バブル経済期にあたる一九八五年から九〇年の各年齢層の人口変化を見ていくと、一五〜一九歳層と二〇〜二四歳層で人口が増加していることがわかる。バブル経済期の郊外化が著しい時期にあっても、進学および就職によって東京に移動してきた若者は東京都区部に流入していたことがわかる。その上の二五〜二九歳層、三〇〜三四歳層、三五〜三九歳層、四〇〜四四歳層は人口が減少していた。これはバブル経済期に住宅を求めて東京都区部から

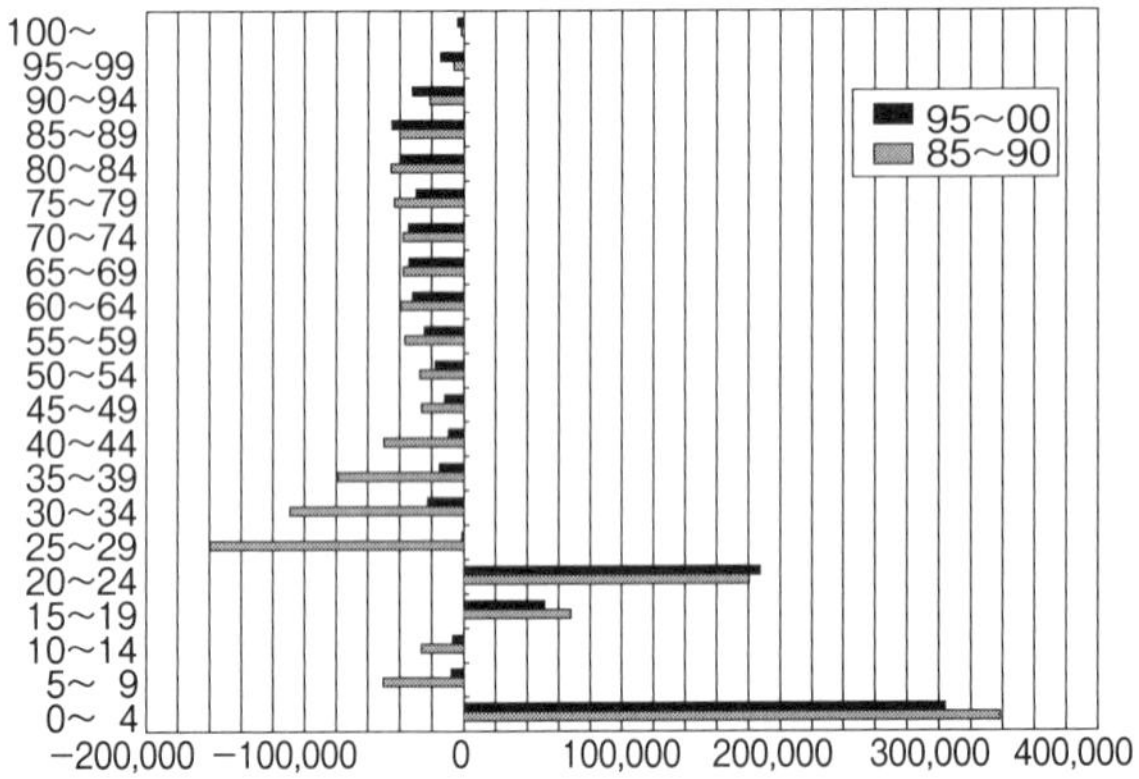

出典：松本康『東京で暮らす―都市社会構造と社会意識』東京都立大学出版会，2004，35頁.

4-3　コーホート別人口の変化

郊外へと移動していた年齢層を示していると考えられる。

他方、都心回帰現象の生じた一九九五年から二〇〇〇年について見てみよう。一五～一九歳層と二〇～二四歳層で人口が増加している。この年齢層は、いつの時代でも東京都区部に流入しているのであろう。それに対して、その上の年齢層、すなわち、二〇歳代後半から四〇歳代前半にかけては、ほとんど人口が減少していない。このことは、バブル経済期に流出を余儀なくされていたこの年齢層が、一九九五年から二〇〇〇年においては流出せずに、東京都区部に留まっていたことを示している。

❖都心再利用

したがって、「都心回帰」の要因は、バブル経済期に流出が著しかった二〇歳代後半から四〇歳代前半の年齢層の流出が止まったことにある、と松本は指摘している（松本康編、前出、二〇〇四）。「都心回帰」という用語はともすると、東京都区部から流出していた人々が都心に「回帰」したことを想起しやすい。しかしながら、実態は流出が止まったことによって生じた傾向であるのだから、「回帰」という用語を用いるのには疑問が残ることとなる。

ある年齢層において東京都区部からの流出に歯止めがかかったということは、その層の人々が都心を再度利用することになったことを示しているのではなかろうか。そうだとするならば、この現象は都心再利用と呼ぶのが相応しいこととなる。バブル経済期に国外や郊外に脱出した工場やオフィスビルの跡地が、マンションやミニ開発による建売住宅として供給されるとなると、二〇歳代後半から四〇歳代前半というヤングアダルト層がそれらの住宅を取得して、東京都区部に留まることができるようになる。

四　社会と空間の変容

❖都市化、郊外化、再都市化

東京大都市圏が高度経済成長期以降の大きな社会変動の影響を受けつつ再編される過程について、少し整理をしておこう。

高度経済成長期には、働く場や生活の場を求めて大量の人々が東京に流入していた。その多くは千代田区を中心とした場合の二〇〜三〇キロメートル圏の地域に流入していた。その後、経済低成長期からバブル経済期には、人口増加率が相対的に高い地域は四〇〜五〇キロメートル圏へと離心化していた。この時期、東京都の人口は減少傾向にあったことを考え合わせると、東京圏内での人口移動、すなわち、郊外化が著しかったことがわかる。著しい郊外化もバブル崩壊後に歯止めがかかり、一九九七年以降、東京都および東京都区部で人口増加が観察されるようになった。この現象は、バブル経済期に流出が著しかった二〇歳代後半から四〇歳代前半の年齢層の流出が止まったことにあるため、都心の再利用が開始されたと考えられた。

このように、高度経済成長期以降の東京は都市化、郊外化、再都市化という三つの段階を経ながら発展してきたと考えられる。

❖脱工業化と都市社会の再編

脱工業型社会の到来、進展という社会変動の中で、都市社会の社会構造と空間構造はどのような変化をとげているのであろうか。海外の先行研究の多くは都市社会において社会構造の分極化が生じていることを指摘している。国内でも、分極化の兆しを指摘する研究もある。本章では、再都市化という傾向を指摘するにとどまったが、今後は、都心の再利用のされ方を含めて、さらなる研究が望まれる。

Q&A

Q

先進工業国は、前産業型社会、産業型社会を経て、現在、脱工業型社会へと変化を遂げたといわれている。そのような社会変動は、われわれが暮らす社会をどのように変化させたのだろうか。

A

われわれの暮らしている社会が経験しているグローバル化や少子・高齢化などの社会変動は、手で触ることもできないし、直接それを目で観察することもできない。そのため、先進工業国がどのような社会変動を経験し、日本社会がどのような潮流に巻き込まれ、現在われわれが暮らしている社会にどのような変化が与えられているかを説明せよと求められると、たじろぐこととなる。

しかしながら、社会変動の痕跡は社会構造の変化および空間構造の変化の中に刻み込まれている。それらを可視化する道具として、社会地図という手法がある。社会地図を用いると、社会構造および空間構造の変化を可視化することができ、その意味を読み解くことが可能となる。

ブック・ガイド

倉沢進、浅川達人編『新編 東京圏の社会地図一九七五―九〇』東京大学出版会、二〇〇四。

高度経済成長が終了し、経済低成長期が到来した一九七五年。このころ、工業型社会としての東京の社会空間構造が完成した。そこからグローバル化、世界都市化、少子・高齢化といった大きな社会変動の中で、脱工業型都市へと変貌を遂げた東京圏を、多数の主題図と社会地図を駆使して描き出している。

玉野和志、浅川達人編『東京大都市圏の空間形成とコミュニティ』古今書院、二〇〇九。

京浜地区のコミュニティ・スタディを、東京大都市圏の空間形成との関連において位置づけた著作。すなわち、社会空間構造というマクロ的視点からの研究と、そこで暮らす人々の顔の見えるミクロ的視点からのコミュニティ・スタディとを融合させる初の試みとして編まれた著作である。

和田清美『大都市東京の社会学―コミュニティから全体構造へ』有信堂高文社、二〇〇六。

一九八〇年代中期から二〇〇〇年代初頭までの約二〇年間に継続的に行ってきたコミュニティの実証的研究の蓄積を通して、大都市東京の全体構造とその変動・発展の方向の理論化を目指した著作である。六種類の地帯構成のパターン別にコミュニティの実態を描き出している。

第五章　比較都市研究をめざして
——大都市コミュニティの社会構造②

一　職業階層の空間分布

✣等質的な地域を見つける

人口量や流入人口比率、管理職比率などのように、テーマごとに描かれた社会地図を主題図と呼んだ。前章でも、人口増加率の主題図について紹介した。主題図は、人口構成や家族構成、職業構成や産業構成など各々のテーマについて、空間分布を見ることができる。しかしながら、数十枚あるいは数百枚におよぶ主題図を眺めることによって、総合的な構造であるコミュニティの社会構造を読み解くのは不可能に近い。

人間の目に代わって膨大な量の社会地図をつぶさに検討し、社会的に似通った性質をもつ地域をクラスター（cluster：群れ、集団）と呼ばれるグループに分類する統計学の手法がある。クラスター分析である。クラスター分析は、大量の主題図を同時に眺め、等質的な地域をクラスターに分類することができる。例えば、A、B、C、Dという四つのクラスターが析出されたとするならば、Aに分類された複数の地域は全て等質的であり、Aに分類されたαという地域と、Bに分類されたβという地域は異質な地域であると解釈することができる。

❖一九七五年の東京二三区

このクラスター分析という手法を用いて、一九七五年の東京二三区を対象範囲として分析した結果は、「カラー図五　東京二三区クラスター図七五」として掲載されている（倉沢進、浅川達人編『新編 東京圏の社会地図一九七五－九〇』東京大学出版会、二〇〇四）。分析および社会地図の表章に用いた単位は、五〇〇ｍメッシュである。これは、全国を一定の緯度および経度の間隔に基づいて区画する標準地域メッシュ体系における二分の一地域メッシュ（基準地域メッシュを縦・横二等分した約五〇〇ｍ四方の区画）であり、一九九〇年時点の東京二三区に該当すると同定された二、三三七個のメッシュが分析に用いられた。

このクラスター図からは二つの特徴が読み取れる。第一の特徴は、所属するメッシュが全て同一のクラスターに分類されているという区は存在しないし、また同一のクラスターに分類された全メッシュが特定の区によって占有されるクラスターも存在しないことにある。このことは、各区の境界を越えて等質的な地域が広がっていることを示している一方で、同一の区内でも異質な地域が含まれていることを同時に示している。

第二の特徴は、都心地区は繁華街や卸商業地区で占められ、東京二三区の西部はホワイトカラーの住宅地が広がり、東部にはブルーカラーの住宅地が広がっていることである。最も地価が高い都心地区は官公庁や企業などの組織の活動によって占有され、その外側に住宅地が広がるというように、土地利用は同心円的な分布を示している。その一方で、社会階層に着目するとホワイトカラー層は西部に集中し、ブルーカラー層は東部に集住するというように、扇型（セクター型）の分布を示している。

❖一九九〇年の東京二三区

ところが、一九九〇年になると大きな変化が見られることとなった。一九九〇年のクラスター分析結果は、「カラー図六　東京二三区クラスター図九〇」として掲載されている（倉沢進、浅川達人編、前出、二〇〇四）。東京二三区東部にブルーカラー層の住宅地が広がることに変化はないものの、その中にホワイトカラー地区が散見されるようになった。また、繁華街地区やオフィス・マンション地区に分類された地区が皇居の周辺から南西方向にかけて面的に拡大することとなった。

このような空間構造の変化は、なぜ生じたのであろうか。次に、ブルーカラー層の主たる職場である製造業事業所の空間分布を分析することを通して検討してみよう。

二　製造業の空間分布

❖空間分布の特徴

製造業は、高度経済成長の牽引車の役割を果たした後、脱工業化の流れの中でその地位をサービス業などに譲る、という大きな変動を経験した産業である。一九六〇年の東京圏には、製造業の集積を示している地域が四つあった。第一は城東・城北地区であり、東京圏の近代工業の基層地域として発達をとげた地域である。第二は城南、川崎・横浜地区であり、明治以降、戦前、戦中に機械工業、重化学工業が集中した地域である。第三は多摩、横浜市内陸部、埼玉県南東部である。これらの地域は戦中、戦後に第一・二の地域から進出した企業により工業化をとげた地域である。第四は地場産業地域である。

一九六〇年時点では、製造業の事業所が集積していた地域では、製造業で働く人の比率である製造業従業者比率もまた高くなっていた。

❖高度経済成長期からバブル経済期までの製造業の空間分布の変化

一九七五年になると、前述した製造業事業所比率の空間分布にはほとんど変化がないものの、製造業従業者比率には変化が現れた。城東・城北・城南地区に着目すると、墨田・荒川・板橋区は高指標値を示していたものの、それ以外は高指標値を示さなくなった。

さらに一九九〇年になると、これらの三区でも高指標値を示さなくなり、東京都区部はもはや、製造業従業者比率の高指標値地区ではなくなった。さらに、川崎・横浜臨海地区でも、川崎市中原・幸の両区を除いて、高指標値を示す区がなくなった。

東京圏の近代工業の基層地域であった城東・城北地区は、一九九〇年でも一九六〇年と同様に製造業事業所の集積は見られた。しかしながら、一九九〇年には製造業従業者の集住という特徴は見られなくなった。このことは、従業者数が比較的多い中規模や大規模な工場が城東・城北地区から郊外や国外へと移転したことにより、それらの地域における製造業従業者比率が低下することになったことを示している。

住商工混住地域であった城東・城北地区では、零細工場が残存する一方で、中・大規模工場の跡地は、中・高層のマンションが建設されたり、比較的低価格の宅地あるいは戸建住宅として販売されたりしている。そのような地域に、次第にホワイトカラー層が流入し始めた。このことが、一九九〇年の東京二三区クラスター図に現れていた、東部におけるホワイトカラー住宅化という現象を生み出しているのである。

三 都市間比較の試み

✣シカゴ学派

これまで東京圏の社会地図を用いて、大都市コミュニティの社会構造について検討を加えてきた。東京圏において観察された現象は東京圏に固有の現象であるのか、あるいは他の大都市圏においても同様に観察される現象なのであろうか。これを確かめるためには、都市間比較研究が是非とも必要となる。

都市の空間構造を分析することにより、都市コミュニティの社会構造を把握しようとする社会学的試みは、二〇世紀初頭のシカゴで集中的に行われた。シカゴは一八五〇年からの四〇年間で、約三万人の人口が一〇〇万人を超すまでに急成長を遂げた。シカゴ生まれのシカゴ育ちという人々とアメリカ国内の各地から流入してきた人々、そして、それらを数的に凌駕する、生活習慣も母国語も異なる大量の移民たちとが、シカゴという限られた都市空間の中で、ビジネスチャンスを求め、また自らが生活する空間を求めて互いに競い合っていた。

❖社会地図

そのような個々の住民たちの日常生活の営みによって、シカゴという都市社会は日々つくりかえられていった。変化の方向とその要因を明らかにするためには、まず、眼前に広がる都市社会のどこで何が起こっているかを地図として可視化する必要があった。

F・M・スラッシャー※（Thrasher, 1989-1962）は、一、三一三のギャング集団の居場所をスポット・マップに描き、それが業務地帯と住宅地帯の隙間に集中していることを示した。そこは都市の道徳的秩序が解体している地域であることから、ギャング集団が解体地域を組織化する役割を担っていたことを同時に指摘した。

H・W・ゾーボー※（Zorbaugh, 1896-1965）は、ループの北側に隣接するニア・ノース・サイドと呼ばれるコミュニティの研究を行い、社会地図を大量に描いた。紳士録に名を連ねるような上流階級の分布を示す地図、少年非行の分布を示す地図は、上流階級が集住するゴールド・コーストのすぐ近くに道徳的秩序が解体している地域が存在していることを示していた。

※スラッシャー
（Frederic Milton Thrasher）

（一八九二－一九六二）

アメリカの社会学者。一九二七－三六年に、ニューヨーク市のボーイズ・クラブが少年非行におよぼす効果を調べる研究を行った際、それを指揮した。主著『ギャング』（一九二七）は、アメリカ社会学の中で最も引用される作品のひとつである。

※ゾーボー
（Harvey W. Zorbaugh）

（一八九六－一九六五）

アメリカの社会学者。初期シカゴ学派のひとりとして活躍した。主著『ゴールド・コーストとスラム』（一九九七）において、都市の生態学的な構造とローカルな近隣関係を結びつけてとらえようとした。

❖二つの仮説

こうして描かれた大量の主題図を丹念に検討することを通して、都市の空間構造に関する二つの仮説が生み出された。第一の仮説はE・W・バージェス※（Burgess, 1886-1966）が提唱した同心円仮説であり、都市の成長過程を五重の同心円の拡大過程としてとらえる仮説である［5-1］。一番内側にある「LOOP」と書かれている区域は、中心業務地区（Central Business District：CBD）である。ループを取り巻く第二の地帯は、「推移地帯」とよばれ、貧しい移民の多い社会問題の集積している地域であった。推移地帯のさらに外側を取り巻く第三の地帯は「労働者住宅地帯」と呼ばれる貧困を脱した労働者階級が居住する地域であった。第四の地域は「住宅地帯」と称される中産階級以上の高級住宅街であった。そして最も外側に、都心のオフィスで働く経済的な成功者たちの住宅街

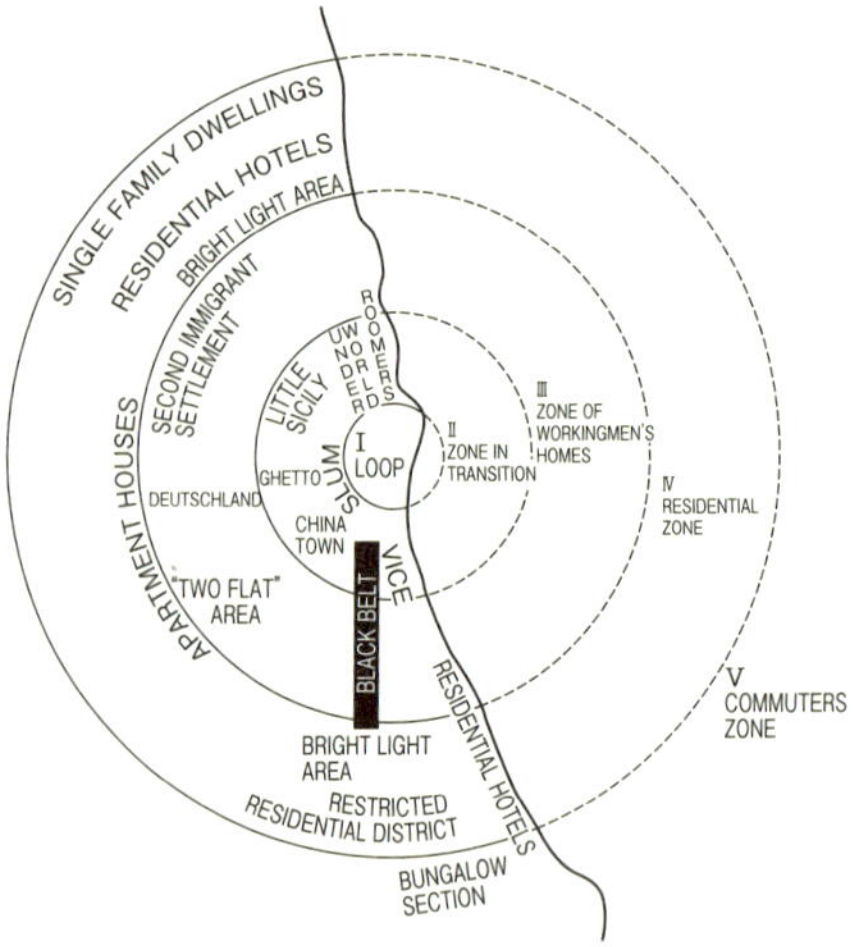

出典：Park, Robert E. and Burgess, Ernest W., *The City*, The University of Chicago Press,［1925］1984, p.55.

5-1　同心円仮説

※バージェス
(Ernest Watson Burgess)

（一八八六―一九六六）

アメリカの社会学者。シカゴ学派の中心人物のひとり。同心円仮説は地域構造研究の出発点をなし、セクター仮説や多核心仮説などの展開を促した。パークとの共著『社会学という科学への入門』（一九二一）、ロックとの共著『家族―制度から友愛へ』（一九四五）など先駆的な業績を残した。

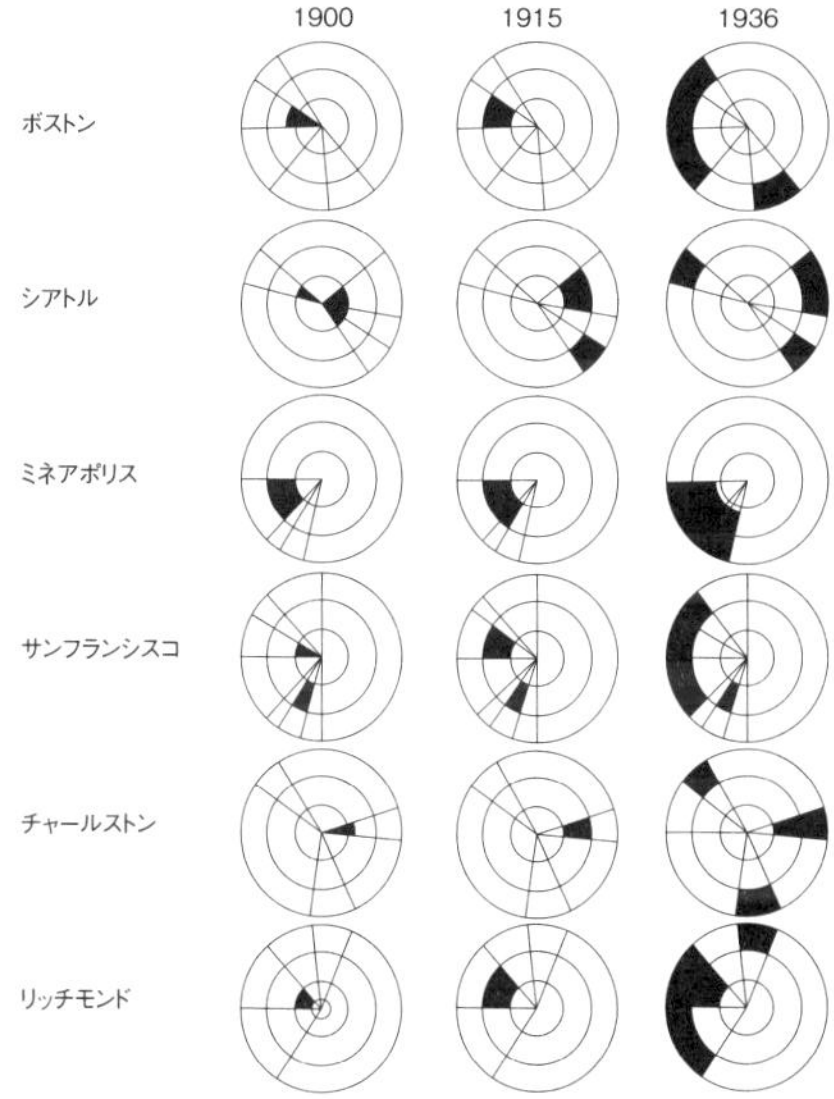

出典：Hoyt, Homer, *The Structure and Growth of Residential Neighborhoods in American Cities*, Federal Housing Administration Scholarly Press, 1939, p.115 より作成.

5-2　セクター仮説（アメリカ都市の高級住宅地）

である「通勤者地帯」が位置していた。

この同心円仮説を修正し、さらに発展させる仮説として、第二の仮説であるセクター仮説がH・ホイト※（Hoyt, 1896-1984）によって提示された。都市の発展に伴い、特定の土地利用は次第に郊外に向かって拡大する。ただし、すべての方向に同じように拡大するのではなく、社会文化的な要因に基づいて、一定の方向性をもって拡大する。ホイトはこれをアメリカの一四三の都市の不動産原簿を用いて、一九〇〇年から一九三六年までの高家賃住宅の時系列分析に基づいて創案した［5-2］。

※ホイト（Homer Hoyt）（一八九六―一九八四）
アメリカに生まれ、シカゴ大学で法学博士と経済学博士の学位を得た。マサチューセッツ工科大学、コロンビア大学などを経て、連邦政府の住宅経済局の主任、シカゴ計画委員会の調査主任として活躍した。バージェスの同心円仮説の有効性に疑問をもち、セクター仮説を唱えた。

❖家族解体

これらの仮説は、二〇世紀初頭のシカゴの現実を解釈するために有効であった。E・R・モウラー(Mowrer, 1895-1984) はバージェスの同心円仮説を家族に適用した。モウラーによれば、シカゴの七〇のコミュニティ区域には五つのタイプの家族が見出されたという[5-3]。第一のNon-Family Areaは「非家族」地区である。すなわち、男性単身者の一時的居住者が主な構成員となっている地区である。第二のPaternal Family Areaは「父親中心の家族」地区である。ここは労働者や移民の地区であり、妻子は夫・父に従属していた。第三のEqualitarian Family Areaは「平等家族」地区であり、家族内の地位の平等性に特徴があった。第四のMaternal Family Areaは「母親中心の家族」地区であり、通勤者である夫はコミュニティ生活では影が薄く、それに対して妻が

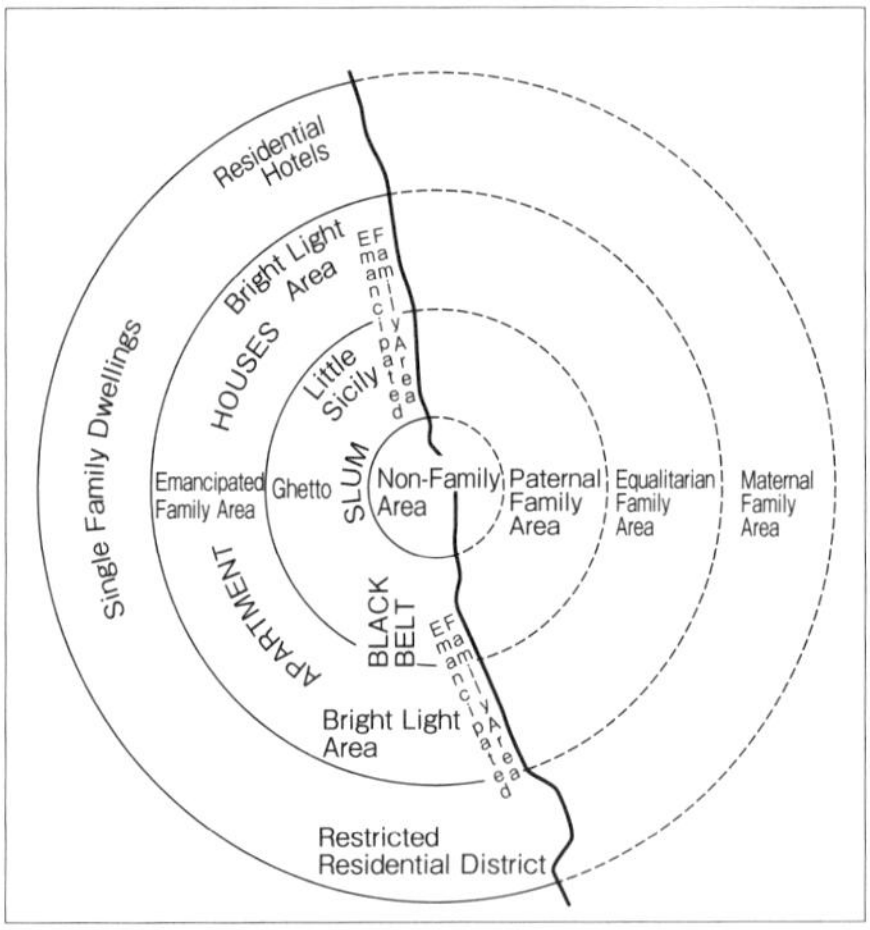

出　典：Mowrer, Ernest R., *Family Disorganization: An Introduction to a Sociological Analysis*, The University of Chicago Press, 1927, p.113.

5-3　家族の分布

コミュニティ生活の中心となっていることに特徴があった。第五のEmancipated Family Areaは「解放された家族」地区であり、一から四のタイプの家族が空間的に同心円を構成していたのに対して、ベルト状に分布していたことに特徴がある。そこでは家族の伝統的な役割は個人主義に取って代わられていた。

　モウラーはさらに離婚率と家族遺棄を指標に家族解体の空間分布を検討した。一九一九年になされた六、〇九四件の離婚訴訟のうち四、三三三ケースについて原告の住所を地図上にプロットし、一九二一年になされた二、六六一件の家族遺棄申し立てのうち二、三一一ケースについても同様に住所を地図上にプロットした。プロットされた離婚訴訟数と家族遺棄申し立て件数を地域コミュニティごとに集計し、一九二〇年のセンサス人口で割ることによって、家族解体率を計算しレイトマップ（比率地図）を描いた［5-4］。その結果、母親中心の家族地区では家族解体

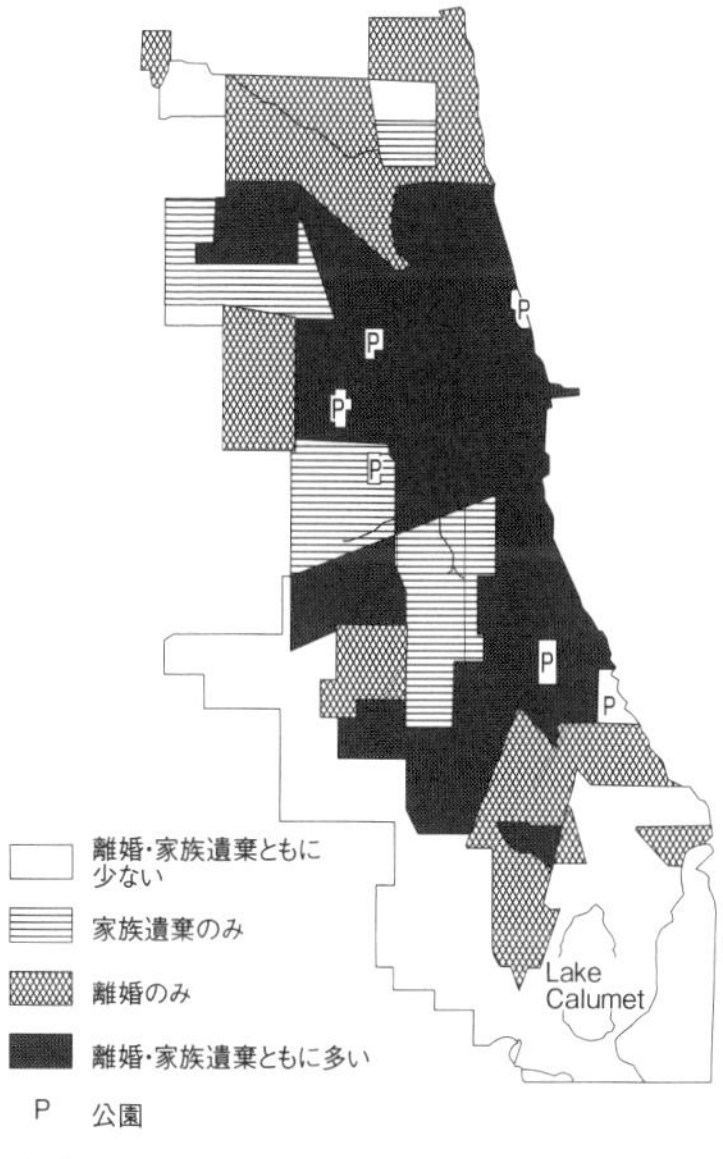

出典：Mowrer, Ernest R., *op. cit.*, The University of Chicago Press, 1927, p.121.

5-4　家族解体の分布

はほとんど見られず、父親中心の家族地区では家族遺棄が多く、平等家族地区では離婚と家族遺棄の両方の率が高い地域と離婚率が高い地域が見られた。

❖ 都市間比較研究の必要性

社会地図を描き、都市の空間構造を分析することにより、都市コミュニティの社会構造を把握しようとする試みは、その後、都市の空間構造を特徴づける要因を探索的に求める因子生態学に取って代わられる。因子生態学は都市空間構造の一般法則を導き出す試みに対して非常に大きな貢献をしたものの、要因（因子）を抽出することに過度に専念したため、空間分布に対する関心がともすれば薄れがちであった。そして、そのことが社会学者の関心を次第に失う遠因ともなったと考えられる。

統計的な手法に依拠しつつも、その結果を空間分布に投影する、すなわち、社会地図を描いて解釈するという試みは、われわれの日常生活世界の展開の場となっているコミュニティを理解するためには必要不可欠な試みである。さまざまなコミュニティの社会地図を比較することによって、目の前に展開している事象が当該コミュニティに独特な現象であるのか、あるいは現代社会に共通する現象であるのか検証していくことが望まれる。

Q&A

Q

社会変動の痕跡は社会構造の変化および空間構造の変化の中に刻み込まれている。それらを可視化する道具として、社会地図という手法が編み出されてきた。二〇世紀初頭のシカゴでは社会地図が活用されたものの、その後の社会学ではあまり活かされてこなかった。今後、活かしていくためには何が必要だろうか。

A

社会地図を描き、都市の空間構造を分析することにより、都市コミュニティの社会構造を把握しようとする試みは、その後、都市の空間構造を特徴づける要因を探索的に求める因子生態学に取って代わられた。因子生態学は因子分析という高度な統計学の手法を用いて、都市空間構造の一般法則を導き出す試みに対して非常に大きな貢献をした。しかしながら、要因（因子）を抽出することに過度に専念したため、空間分布に対する関心がともすれば薄れがちであった。そして、そのことがリアリティを大切にする社会学者の関心を次第に失う遠因ともなったと考えられる。

統計的な手法に依拠しつつも、分析結果を社会地図として描画し空間分布に投影するという試みは、われわれの日常生活世界の展開の場となっているコミュニティを理解するためには必要不可欠な試みである。さまざまなコミュニティの社会地図を比較することによって、目の前に展開している事象が当該コミュニティに独特な現象であるのか、あるいは現代社会に共通する現象であるのか検証していくことが望まれる。

H・W・ゾーボー、吉原直樹ほか訳『ゴールド・コーストとスラム』ハーベスト社、一九九七（原著一九二九）。

二〇世紀初頭のシカゴの社会空間構造について、多数の主題図を用いてあざやかに描き出した著作のひとつ。湖岸に位置するゴールド・コーストは上流階級の居住地であり、そこから通りをひとつ隔てただけの場所に社会的解体が進んでいる地区があることを明らかにした。

秋元律郎『都市社会学の源流―シカゴ・ソシオロジーの復権』有斐閣、一九八九。

シカゴ学派社会学について再評価を行った著作。シカゴ大学の設立とアメリカで初めての社会学科の設置、第一世代であるトーマスの登場、第二世代であるパークとバージェスの社会学の構想など、シカゴ学派社会学が何を明らかにするために、何をなしてきたのかが丁寧にまとめられている。

M・J・ワイス、岡田芳郎監訳、田中洋、和田仁訳『アメリカ　ライフスタイル全書―四〇クラスターに見る素顔の社会』日本経済新聞出版社、一九九四。

アメリカのZIPコード（郵便番号）を基礎に、国勢調査データに加え、政治信条、好きなテレビ番組、雑誌、食べ物など各種調査結果を重ね合わせたデータベースをクラスター分析した結果と、著者であるワイスによるインタビュー調査により、アメリカ人の多様なライフスタイルを分析・論評した著作である。

第六章　都市社会の人間関係
――コミュニティの社会関係①

一　都会人の人間関係

❖テンニース

大都市に暮らす人々の人間関係には、どのような特徴があるのであろうか。「都会人は孤独である」「都市にも農村にもコミュニティが存続している」「都市には新しいタイプのネットワークがある」という都会人の人間関係に関する三つの仮説（松本康「アーバニズムと社会的ネットワーク」森岡清志編『改訂版 都市社会の人間関係』放送大学教育振興会、二〇〇四）について概説しておこう。

第一の仮説は、都市化に伴って、濃密で、ぬくもりがあるような人間関係から、利害や打算に基づくような希薄で、ドライな人間関係へと変化するととらえるものである。F・テンニース※（Tönnies, 1855-1936）は、都市化に伴って、都会人の人間関係が、本質意志に基づく結合であるゲマインシャフトから、選択意志に基づく結合であるゲゼルシャフトへと変化するという仮説を提起した。ゲマインシャフトとは、家族、民族といった血縁に基づくつながり、

※テンニース（Ferdinand Tönnies）（一八五五―一九三六）
第一章脚注参照（三頁）

隣人、村落といった地縁に基づく結合、友人のような精神的共同体におけるつながりなどであり、濃密でぬくもりがあるような関係である。他方、ゲゼルシャフトは、例えば市場における取引関係のように、利害や打算に基づく関係である。テンニースは、都市化に伴い、人々の人間関係はゲマインシャフトからゲゼルシャフトへと変化し、このことがコミュニティの衰退を導くととらえたのである。

✣ワース

都市化に伴い、なぜそのような変化が起こるのであろうか。都市化と人間関係についての因果モデルを仮説化したのはL・ワース[※]（Wirth, 1897-1952）である。ワースは、「社会学的には、都市とは、社会的に異質な諸個人の、相対的に大きな、密度の高い、永続的な集落である」ととらえた。そのような都市社会で暮らすことにより、生活様式はどのような特徴をもつようになるのか。

社会的に異質な諸個人、すなわち人種や民族が異なったり、使用する言語や生活習慣が異なったりする諸個人が密集して暮らす都市社会。そこでは共通の体験や経験、所属意識などを基礎として築き上げられる、家族や友人との関係に見られるような第一次的関係を構築するのは難しくなる。むしろ、その時々の合理的な判断や打算に基づく第二次的関係の方が優位となる。このようにして、バラバラで流動的な大衆が生まれることとなり、コミュニティが衰退していくと考えたのである。これがワースのアーバニズム論の骨子である。

※ワース（Louis Wirth）（一八九七－一九五二）
アメリカの社会学者。シカゴ学派のリーダーのひとりで、「生活様式としてのアーバニズム」（一九三八）はその後の都市社会学を導く理論的仮説として大きな影響を与えた。

❖ガンズ

都会人は孤独であり、都市化とともにコミュニティが衰退していくという第一の仮説とまさに対立するものとして、農村と同様に都市にもコミュニティが存続しているという仮説がH・ガンズ※（Gans, 1927-）によって提示されている。ガンズはワースのアーバニズム論に対して、二つの点から批判した。

第一の批判は、アーバニズム論は都市の生活様式を正しく描いていないという批判である。ガンズはボストンのイタリア系アメリカ人の事例をあげて、都市の中にコミュニティが存続していることを例証した。

第二の批判は、人口量、人口密度、異質性という生態学的要因から生活様式が規定されているのではない、という批判である。もしも、生態学的要因によって生活様式が規定されると仮定するのであれば、都市的な環境で生活していた人が都市的ではない環境に転居した場合、生活様式も都市的ではない様式に変化するはずである。ということは、人口量、密度、異質性ともに高い都心で暮らしていた人が人口量、密度、異質性ともに低い郊外へと転居した場合、生活様式が変化したか否かを調査すれば、ワースの因果モデルの検証が可能である。ガンズはそのように考えたのである。結果は、生態学的要因によって人間関係が規定されるというよりは、むしろ、経済的地位や家族周期段階などの組み合わせによって規定されていることを示していた。

※ガンズ（Herbert J. Gans）（一九二七－ ）
アメリカの社会学者。フィラデルフィア郊外に開発されたニュータウンを調査対象とした『レヴィットタウナーズ』（一九六七）は郊外コミュニティ研究の嚆矢として知られる。またボストンのイタリア系スラムの参与観察調査の成果である『都市の村人たち』（一九六二）は、スラム・コミュニティ研究の古典として定評がある。

これらの二点に立脚して、ガンズは都市にもコミュニティが存続しているという仮説を提示したのである。

✣ウェルマン

コミュニティは衰退するのか、それとも存続し続けるのか、というコミュニティ問題を止揚し、新たなタイプの社会関係が見られるようになるとする第三の仮説が提示された。B・ウェルマン（Wellman, 1942-）は、交通・通信網の発達により、人間関係はもはや空間的制約から解放されると考えた。

九四のコミュニティの定義を検討したG・A・ヒラリー（Hillery）によると、その大多数は、①それを構成する諸個人の間で社会的相互作用がかわされていること、②地域的空間の限定性、③それに共通の絆、という三つの要件をあげているという。①の要件を共同性、②を地域性、③を共属感情と呼ぶなら、ウェルマンは第二の点である地域性のもつ意味が相対的に薄くなってきていることを、コミュニティ解放仮説によって指摘したといえよう。

✣フィッシャー

都市社会に独自の効果を認めないとするガンズとは対照的に、C・S・フィッシャー（Fischer, 1948-）は都市社会そのものに効果があると考えた。フィッシャーは社会的に異質な、大量の諸個人が密集して暮らすという都市社会が有する生態学的な要因は、ワースのように、コミュニティの衰退を導くのではなく、下位文化的コミュニティを生み出すと考えたのである。

同質性の高い人々が暮らす社会では、ある特定の文化が共有されることとなる。これを通念的文化と呼んでおこう。他方、社会的に異質な諸個人が暮らす社会では、通念的文化を志向せず、非通念的文化を志向する者も現れる。そのような異質な人々が大量に、しかも高密度で暮らすならば、非通念的文化を志向する者同士が出会い、それぞれの下位文化を志向する人々が集まってくる。仲間の数が多くなるにつれて、そのネットワークを支える専門的な機関も発達し、ますます仲間をひき付けることになる。こうして、都市社会には多様な下位文化的コミュニティが生み出されていく、とフィッシャーは考えたのである。

❖三つの仮説

「都会人は孤独である」「都市にも農村にもコミュニティが存続している」「都市には新しいタイプのネットワークがある」、という都会人の人間関係に関する三つの仮説について概説してきた。これらの仮説はいずれも、諸外国において提唱され、諸外国のコミュニティにおいて実証研究が積み重ねられると同時に、日本においてもこれまで、大量の実証研究が積み重ねられている。

ここではいずれが適当かという議論には立ち入らない。日本社会、特に東京という大都市において、これまでどのような過程を経て、どのようなコミュニティが形成され、それがどのような変化を遂げてきたのかを、玉野和志（1960-）（『東京のローカル・コミュニティ―

ある町の物語一九〇〇―八〇』東京大学出版会、二〇〇五）が描いたモノグラフによって追ってみたい。また、モノグラフの読解を通して、今後、どのような人間関係が望まれるのかを考えるための素材を提供してみたい。

二　東京の地域社会で展開してきた社会関係

❖東京の発展：三つの地域の成立

モノグラフの舞台となるのは東京のある町である。この町がどのような過程を経て、東京のひとつの地域社会として存在してきたのか。歴史を概説しておこう。

二〇世紀初頭の東京。そこは俸給生活者、いわゆるサラリーマンの増大が著しくなっていた。日本各地から流入した人々は自らの生活の場を求めて、お互いに競い合うことになる。企業や官公庁などの組織が東京の中心部にオフィスを構えると、人々は中心部から外縁部へと押し出されていくことになる。こうして郊外住宅地が続々と形成された。

その過程において、川や海に面することのない内陸部には純粋な郊外住宅地が広がっていった。それに対して、川沿いや海岸線に沿った地域には工場が集積することにより、工業地帯が生まれ、その周辺には工場で働く労働者の町が形成されていった。

このようにして、①都心のオフィス街、②内陸部の郊外住宅地、③ブルーカラー住宅街やいったんそこに流入した労働者が独立・創業した下請の町工場が集積する町、という三つの特徴的な地域が、それぞれ折り重なって東京というひとつの都市ができあがっていた。

❖高度経済成長による変化

敗戦と戦後改革を経て、高度経済成長期を迎えた東京には、大量の人口が流入するようになった。急激に発展をとげた重化学工業の大工場が必要とした労働力は集団就職という形を取って地方から大量に供給された。これらの人々が、先の三つの地域のうち、③の大工場を中心とした川沿いや臨海部の工場地帯周辺の町へと、急激に流入することとなった。

それだけではない。高度成長期には、都心近くのオフィス街（①の地域）は日本全体の中枢管理機能を集中させることで拡大と密集の度合いをさらに高めた。このことは都心近くを住宅地としては不適切な地域に変えていったと同時に、都心地区で働く事務職や管理職に従事するホワイトカラー層の増大をもたらした。この層が暮らす場所は、これまでの郊外住宅地よりもさらに外側へと拡大していった。大手不動産会社や私鉄会社などによる計画的な開発がなされ、住宅機能に特化した地域が衛星状に連なっていく大都市地域へと展開していった。

❖経済低成長による変化

一九七〇年代のオイルショックによって日本経済の高度経済成長が失速すると、都心の中枢管理機能の肥大化には歯止めがかからなかったものの、工業地帯の位置づけが低くなっていった。工業地帯の中心に位置していた大工場はこの時期から生産規模を徐々に縮小していき、八〇年代以降には、東京の工業地帯から大工場が移転するという事態が生じることとなった。すなわち、基礎研究、製品化研究、量産試作といった企業にとっての中枢機能は母工場に集中させ、工業地帯に残存させるものの、量産部門は各企業の地方工場や海外工場に委ねるという、企業の経営方針の転換に伴って(関満博「先端技術と首都圏工業再配置の動向」『経済地理学年報』三三、四、一九八七)、工業地帯にあった量産部門の大工場を移転させることとなったのである。

このような変化は、工業地帯周辺の町に大きな影響を与えることとなった。大工場で働いていた労働者の中には、工場の移転に伴って町を出て、他の地域の工場へと移動した人もいた。しかしながら、そのような移転ができなかった人々は、その地域内で、それまでとは別の生きる道を模索せざるを得なくなった。町工場で働く、あるいは、工務店などの建設業に従事する、運輸・通信業に従事する、外食産業などに職を得るなどさまざまな業種で、新しい仕事に就くこととなった。このようにして、さまざまな業主(自営業者層)を含んだ中小零細の町工場や工務店が立地する住商工混在の住宅地として、徐々に変質を遂げることとなったのである。モノグラフの舞台となる町は、住商工混在の住宅地として、このような変化をたどってきたのである。

❖四つの物語

東京という都市の発展のリズムによって引き寄せられてきた人々は、それぞれの地域社会で、住民としての営みを繰り広げる。その住民の営みを、玉野(玉野和志、前出、二〇〇五)

は四つの物語として紹介している。

第一の物語は、関東大震災後、戦前から戦後にかけてこの町に入ってきた自営業者層を中心とした町内社会と町内会体制の成立を扱っている。それは戦後日本の地域社会の原型を形づくるものであった。できあがった町内社会という枠組みを継承しようとする試みが次になされることとなる。それが第二の物語として描かれている。

第三の物語は、戦後この町に地方から流入した女性たちが直面した子育ての困難という課題をきっかけに、この町の母親たちが行ったいくつかの挑戦について述べられている。

第四の物語は、この町で創価学会に結集していった人々について、その地域とのかかわりについて扱っている。集団就職などで東京に流入し、決して有利とはいえない状況にあった人々が、信仰のもとに結束し、「もうひとつの地域」とでもいうべき独自の地域社会を形成していった。その過程が報告されている。

三　社会関係の現在・過去・未来

❖東京という都市の発展を支えてきたもの

先述したように、東京という都市は、①都心のオフィス街、②内陸部の郊外住宅地、③ブルーカラー住宅街やいったんそこに流入した労働者が独立・創業した下請けの町工場が集積する町、という三つの特徴的な地域がそれぞれ折り重なってできあがってきた。その後、都市近郊の住宅地をはるかに越え、スプロール化した郊外住宅地が衛星状に連なる大都市地域として発展をとげることとなる。

オイルショック後の経済低成長期、そして脱工業化という社会変動の中で、工業地帯の位置づけは変化した。しかしながら、オフィス街（中枢管理機能）と工業地帯という二つの中心が都市の基礎をなしていることに変化はない。工業地帯からの量産部門の大工場の郊外あるいは国外への移転という事態は工業の空洞化をイメージさせやすいが、実際には中枢機能は母工場として工業地帯に残存しており、工業が失われてしまったわけではない。むしろ、第五章で見たように、東京圏という範囲で見るならば、いまだに分厚く集積していると見るべきである。このような中枢管理機能と工業の分厚い集積が東京という都市の発展を支えてきたことは確かであろう。

❖社会的連帯の記憶

それだけであろうか。東京の発展のリズムに合わせて引き寄せられてきた人々は、そのリズムに呼応するように、東京の中を移動し、東京から出ていく。地域社会は常に流動性の高い人々の波に晒されている。にもかかわらず、地域社会の営みが継承され、途切れることなく継続していくことができるのはなぜなのだろうか。そのことを考えなければ東京が持続的に発展している理由はわからないだろう。

この問題を解く鍵は、東京の地域社会で暮らす人々の社会関係をとらえる視点に求められる。実際に暮らす人々の間に現時点で展開されている社会関係に着目することは大切であるし、また本章の最初にあげたような三つの仮説が成立するかどうか検討することも重要である。しかしながら、実際に暮らす人々は入れ替わっても、続いていく社会関係がなければ、現在展開されている社会関係も霧散してしまうだろう。だとするならば、今いる人ともういない人とをつなぐ社会関係という視点こそが鍵を握っているのではなかろうか。

実際に暮らす人々は入れ替わっても、関係を継続させるもの。それは地域社会に堆積した歴史であり、過去・現在・未来をつなぐ社会的連帯の記憶であろう。したがって、歴史を引き継ぐとは、身近な都市や町の空間に刻み込まれた人々の生きた証しを通して、先達の思いと社会的につながっていくことなのである。

今いる人、もういない人、これからくる人が織りなす社会。それを支える社会的連帯の記憶がローカル・コミュニティには息づいている。それが東京の地域社会を支えており、東京の骨格を形づくっているのではないだろうか。玉野の描いたモノグラフには、都市社会の人間関係として今後望まれる関係のあり方を考えるための重要なヒントが、秘められているといえよう。

Q&A

Q

第四章と第五章で紹介した社会構造および空間構造の変容は、都市社会で暮らす人々の人間関係にどのような影響をおよぼしているのであろうか。

A

都市社会で暮らす人々の人間関係に関しては、大まかに三つの仮説が提示されている。「都会人は孤独である」「都市にも農村にもコミュニティが存続している」「都市には新しいタイプのネットワークがある」がそれである。いずれの仮説についても、諸外国をはじめ国内の研究において、それを支持する社会的事象が観察されている。他方、東京という都市を具体的に取り上げ、その発展のリズムによって引き寄せられてきた人々が、それぞれの地域社会で、住民としてどのような人間関係を構築してきたのかは、モノグラフを紐解くことによって、よりよく理解することができる。

ブック・ガイド

鈴木広編『増補 都市化の社会学』誠信書房、一九七八。

「都市の概念と基礎視角」「都市化の理論」「都市化の分析」「都市の社会構造」「都市の社会計画」「コミュニティの社会学」の六つの分野からなる一八論文をまとめた著作であり、コミュニティ研究および都市化研究の入門書である。

森岡清志編『改訂版 都市社会の人間関係』放送大学教育振興会、二〇〇四。

今日の都市社会では、集団規範が揺らぎ始め、人間関係を集団内関係とみなすことが困難である。そこで社会的ネットワークという用語を採用し、個人を中心として拡がるネットワークに着目し、都市社会の人間関係に関する現在までの研究成果の概要をまとめた。

H・J・ガンズ、松本康訳『都市の村人たち―イタリア系アメリカ人の階級文化と都市再開発』ハーベスト社、二〇〇六(原著一九六二)。

本書は、ボストンの中心地であるウェストエンドのイタリア系スラムの参与観察調査の記録である。スラムで暮らす人々の豊かな生活文化をいきいきと描いた作品であるとともに、「共同体の外からやってくる災厄」のような開発計画の中で、この下位文化がどのような機能を果たしたかを理論的に深く分析した書でもある。

第七章　まちづくりを担う人々
―コミュニティの社会関係②

一　中心市街地の衰退

❖シャッター通り

第五章で紹介したように、一九七五年時点の東京圏についてみると、繁華街地区や卸商業地区は主に皇居の東側に広がっていた。しかしながら、それらの地区は一九九〇年には皇居を取り囲んで西および西南に広がり、新宿や渋谷まで連なる巨大な都心空間が面的に形成された（倉沢進、浅川達人編『新編 東京圏の社会地図一九七五―九〇』東京大学出版会、二〇〇四）。そして、一九九〇年代後半には、都心回帰・都心再利用と呼ばれる現象が生じ、人口も増え始めている（松本康編『東京で暮らす―都市社会構造と社会意識』東京都立大学出版会、二〇〇四）。

他方、地方中小都市においては、中心市街地の衰退が大きな社会問題となっている。日本の行政市の大多数は城下町に起源をもっており、中心市街地は旧街道筋に沿って形成されていた。人の往来を前提として発展した中心市街地の商店街には、シャッターを閉ざしたままの空き家・空き店舗が見られるようになった。いわゆるシャッター通りの出現である。

❖コミュニティの衰退

人口の郊外化やモータリゼーションの進展という戦後の趨勢《すうせい》と、大規模小売店舗法※の暫時運用緩和という規制緩和政策の中で、大型ショッピングセンターが郊外へと積極的に進出するようになった。広い駐車場を完備し、安価な商品を豊富に取り揃えた郊外大型店との競争の中で、中心市街地の商店街は次第に活力を失い、商業活動を停止するようになった。

このような中心市街地の商店街の衰退は商業機能の衰退に留まらない。地方都市の場合、商店主たちは町内会や祭りなどの地域活動の中心的担い手であることが多かった。そのため、中心商店街の衰退は地域文化や地域社会の担い手の減少を意味し、コミュニティの衰退へと発展する可能性をはらんでいるのである。したがって、中心市街地の衰退※を食い止め、コミュニティの再生を目指すまちづくりが喫緊の課題となっている。

二　長浜市のまちづくり

琵琶湖の湖畔に位置する滋賀県長浜市［7－1］。ここも、一九八〇年代後半、郊外型大型店の進出に伴って、中心市街地はほとんど人が通らないほど疲弊していた。ところが、現在は年間約二〇〇万人の観光客を集めるまでに成長をとげ、まちづくりの成功事例として知られるようになった。長浜のまちづくりについて、以下では矢部論文（矢部拓也「地方都市再

※大規模小売店舗法

大店法とも略称される。大規模小売店舗の商業活動の調整を行う仕組みを定めた日本の法律である。一九七四年三月一日より施行された。しかし、二〇〇〇年六月一日には廃止され、代わりに、店舗面積などの量的側面からの商業調整を撤廃した「大規模小売店舗立地法（略称：大店立地法）」がまちづくり三法のひとつとして立法化された。

※中心市街地の衰退

中心市街地の衰退問題への対応として、「まちづくり三法」が一九九八年に整備された。大規模小売店舗立地法・中心市街地活性化法・改正都市計画法がそれにあたる。しかし必ずしも有効に機能していないという指摘がなされ、その後それぞれ改正がなされている。

生の前提条件：滋賀県長浜市第三セクター『黒壁』の登場と地域社会の変容」『日本都市社会学会年報』一八、二〇〇〇）に学んでみたい。

❖衰退期

長浜市は一九七〇年代以降、駅前や中心地へ大手スーパーが進出し、中心市街地の商店街の集客力は徐々に低下していた［7－2］。そして一九八八年、郊外に大型店が進出したことにより、中心商店街の通行量は「一時間に人四人に犬一匹」といわれるほどになった。

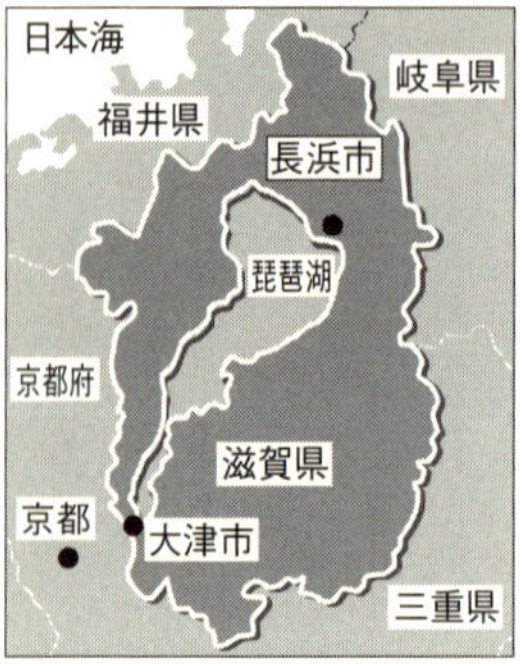

7-1　長浜市

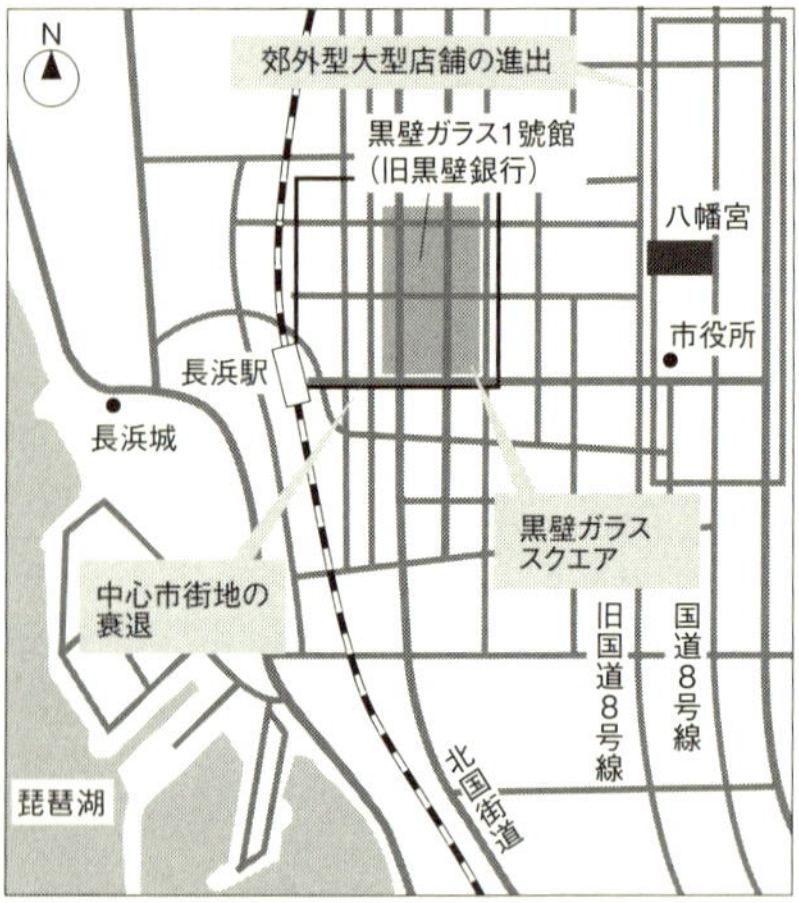

7-2　長浜市の中心市街地

中心商店街の商業主の中には、道路も狭く、駐車場スペースも取れない中心市街地で事業展開を行うよりは、郊外に進出するという選択をする者もいた。郊外に進出した大型店の中に自分の店を出店し、中心商店街の店はシャッターをおろしたのである。また、中心商店街の商業主の多くは、店舗の地権者であるとともに、郊外の田畑やアパート、駐車場などの家産をもっている場合も多かった。そのため、中心市街地の店舗が儲からなくても、シャッターを閉めて奥で生活するという選択肢が残されていた。このように、土地の流動性、新規店舗開店の動きは極端に鈍かった。

✣伝統的建造物の保存問題

中心商店街がこのような状態のとき、中心市街地のほぼ中央に位置する伝統的建造物の保存問題が起こった。明治時代に第百三十銀行長浜支店として建築され、その外壁が黒漆喰の様相から「黒壁銀行」「大手の黒壁」の愛称で親しまれていた伝統的建造物が売りに出され、取り壊しの危機に瀕したのである（位置は［7-2］を、写真は［7-3］を参照）。中心市街地の衰

7-3　国立第百三十銀行長浜支店であった建物（1988年当時）

退に、さらに拍車をかけることが予想される出来事であったにもかかわらず、中心商店街の商業主は、この建物の保存・活用運動には関心を示さなかった。前述のとおり、中心市街地での事業展開よりも、郊外で事業展開を行うことに積極的であった。

この建物の保存・活用運動を担ったのは非商業主であった。長浜青年会議所での活動の中心を担ってきた人々でもある彼らは単に建物を保存するのではなく、この建物で何らかの事業を行うことで、この建物を保存していく方向を選んだ。一九八八年四月、地元金融機関を含めて地元民間企業八社が合計九〇〇〇万円、長浜市が四〇〇〇万円出資して第三セクター『黒壁』を設立した。

❖第三セクター『黒壁』による事業展開

7-4　黒壁ガラス１號館

『黒壁』は郊外型大型店舗の戦略とは異なる、大資本にはできないことを事業化する企業として活動を模索しはじめる。その結果、長浜には縁もゆかりもない「ガラス」を中心とした事業展開を行うこととなり、一九八八年七月に改修し終えた伝統的建造物を「黒壁ガラス一號館」として開店させた［7‐4］。『黒壁』は、たとえば［7‐5］に示したような空店舗を地権者から借り入れ、[7-6]のように、『黒壁』の事業展開に沿うよう修復することで店舗展開してきた。土地の所有と利用とを分離させ、土地の利用者として、中心市街地の新たな担い手となっていった。こうして、公的資本が入っている第三セクターという信用と、地元に根を張っている優良企業の経営者達が経営しているという安心感をもとに、順調に業績を伸ばし、現在は三〇號館まで店舗展開し、年間約二〇〇万人の観光客を集めるまでに成長した。

7-5　シャッターを閉ざした店舗

7-6　黒壁 5 號館

三　まちづくりの担い手

✣山組（商店街の商業主）

長浜市の中心市街地の地域活動の担い手は、伝統的には「山組」と呼ばれる中心市街地商店街の商業主たちであった。「山組」とは、子ども狂言で有名な曳山《ひきやま》祭りを執行する伝統的な地縁組織である。

天正年間に豊臣秀吉は「今浜」を「長浜」に改名し、小谷城下などの商人たちを集めて、楽市である城下町をつくった。中心市街地は、秀吉が朱印地（楽市楽座）に指定した範囲とほぼ一致しており、それが現在の長浜の基礎となっている。この空間は、秀吉以来の地割りに基づいて一二の「山組」に分けられている。

長浜市の中心市街地商店街は、ほぼこの「山組」の範囲に収まり、中心商店街に店を構えていることは、いずれかの「山組」に所属することを意味していた。長浜において、曳山祭りは地域の誇りであると同時に、それを執り行うのは「山組」のみに認められた特権的なものであった。曳山祭りに代表されるように、長浜市の中心市街地の地域活動は伝統的には「山組」によって担われてきたのである。

✣黒壁衆（非商業主）

しかしながら、前述したように、中心市街地を再生へと導いたのは非商業部門の経営者たちであった。彼らは長浜市の地域有力者、地方名望家層であるものの、中心市街地の伝統的な担い手ではなく、したがって、地域の誇りである曳山祭りの担い手でもなかった。

長浜の場合、家業の跡取りは、高校まではそこに留まり、大学は大都市に出る。その後、家業の取引先の大企業で数年勤めた後、家業を継ぐ場合が多い。その際、ある程度、家業に余力があるものは、親の薦めなどで長浜青年会議所に入る。ここで多くの家業を継いでいる者たちと知り合いになり、長浜での地方名望家の若手経営者層のネットワークが広がっていく。後に『黒壁』に集うことになるメンバーも、背後には青年会議所の先輩後輩関係がある。

中心市街地が衰退することにより、「山組」の中心市街地の担い手としての地位もまた後退することとなった。それに代わって、これまで周辺部にいて中心市街地の担い手になれなかった地域の有力者である非商業主たちが、新しい中心市街地の担い手＝黒壁衆として誕生したのである。

四　人が集まり、人が交わる

❖商店街の変化

中心市街地の担い手の交代は段階的になされた。「黒壁ガラス一號館」を開店した頃は、『黒壁』の事業展開は、周囲の商店主たちから必ずしも歓迎されていなかったし、期待もされていなかったようである。しかしながら、その活動が順調に業績を伸ばしはじめると、『黒壁』の活動を評価する商店主たちも現れるようになった。

薄利多売を旨とする郊外の大型店に出店していた店舗を閉め、中心市街地の三〇〇年の歴史を誇る店舗で再び事業を始めた商店主も現れた。ある商店主は、「衰退していく商店街に、何をすれば人が戻ってくるのかわからなかった。黒壁ガラスができてから、観光客など、いろんな形で人が入ってくることがわかった。人との交流が、商売が栄えていく原点であることに気づいた」と語ってくれた。物を売るだけではなく、コミュニケーションの場の提供をも商店街が行うように変化し始めたことを物語っている。

❖まちづくり役場

伝統的な曳山祭り目当てに、観光客として街を訪れる人もいる。ガラスを中心とした新しい文化を築き上げるという事業に魅かれて、そこで自分の力を発揮するために、街を訪れる人もいる。商業主も、非商業主も巻き込んで、誇りある街をつくろうとする活力に魅了されて街を訪れる人もいる。地元に暮らす人、長浜を訪れる人、それらの多様な人々の交流の場、情報交換の場としてまちづくり役場がある。そこは長浜に集う人々の拠点であり、長浜の明日を担う人々の学習の場でもある。

❖街にかかわることができる場

ガラスを中心とした新しい文化を築き上げようとする『黒壁』の活動。豊かな伝統の上に、さらに人と人との交流の創出を試みるという商店主の新しい取り組み。それらのさまざまな活動が、互いに競い合うことによって、長浜にはたくさんの人が集まるようになった。集ってきた人々の一人ひとりが、それぞれの立場で街にかかわることができる。望めば誰もが、誇りある街をつくるための試みに参加することができる。地方中小都市におけるコミュニティの社会関係はこの点に特徴がある。長浜のまちづくりの事例は、この点を生かすことによって、コミュニティは活気を取り戻すことができることをわれわれに示唆してくれていると思われる。

Q&A

Q

地方中小都市においては、中心市街地の衰退が大きな社会問題となっている。そのような現在、中心市街地におけるコミュニティの再生を目指すまちづくりが喫緊の課題となっている。そのような取り組みの成功事例として、どのような事例があげられるか。

A

中心商店街の活性化の成功事例のひとつとして、滋賀県長浜市の事例をあげることができる。一九八八年に第三セクター『黒壁』が設立され、伝統的建造物であった第百三十銀行長浜支店を改修し、「黒壁ガラス一號館」として開店させたのち、空き店舗を地権者から借り入れ、『黒壁』の事業展開に沿うよう修復することで店舗展開してきた。『黒壁』は、土地の所有と利用とを分離させ、土地の利用者として中心市街地の新たな担い手となっていった。こうして、公的資本が入っている第三セクターという信用と、地元に根を張っている優良企業の経営者達が経営しているという安心感をもとに、順調に業績を伸ばし、現在は三〇號館まで店舗展開し、年間約二〇〇万人の観光客を集めるまでに成長している。

ブック・ガイド

出島二郎『長浜物語―町衆と黒壁の十五年』NPO法人まちづくり役場、二〇〇三。

長浜における第三セクター『黒壁』の事業展開について、マーケティング・プランナーである著者が取材を重ねて記した記録。一九九六年に開催された北近江秀吉博覧会後の一〇年間で、長浜は中心商店街の活性化の成功事例として全国にその名をとどろかせることとなったが、その間に長浜で何が起こっていたのかを克明に紹介している。

矢部拓也「地方都市再生の前提条件：滋賀県長浜市第三セクター『黒壁』の登場と地域社会の変容」『日本都市社会学会年報』一八、二〇〇〇。

出島二郎の『長浜物語―町衆と黒壁の十五年』の中でも紹介されている、都市社会学者の矢部拓也が都市社会学の視点から長浜の事例について分析した文献。「山組」ではなく黒壁衆によって長浜のまちづくりがなされたことが何を意味するかなど、興味深い考察がなされている。

第八章　「ストレンジャー・インターラクション」
——「都市的相互作用」

一　都市の特質

❖都市とは

アメリカの都市社会学者のL・ワース※(Wirth, 1897-1952)によると、都市は「大量(number)」、「高密度(density)」、「異質性(heterogeneity)」によって特徴づけられる。「大量」とは人口が多いことであり、「高密度」とは密度が高く、大勢の人々がひしめき合っていることである。そして、「異質性」とは性別、年齢、職業、人種、物の見方や考え方、また、服装などが多種多様であることを意味している(ワース、高橋勇悦訳「生活様式としてのアーバニズム」鈴木広編訳『都市化の社会学』誠信書房、一九六五〔原論文一九三八〕)。

そして、ワースによると、「都市的生活様式」である「アーバニズム(urbanism)」では第一次接触が第二次接触に取って代わられるようになる。そのことによって、家族の重要性が低下し、親戚関係の紐帯が弱化し、近隣集団が消滅して、社会的連帯の伝統的基盤が浸食されるようになる。そこにおいてはパーソナルで、親密で、感情的な結びつきが減少し、インパーソナルなものが支配的になっていく。

※ワース(Louis Wirth)(一八九七－一九五二)
第六章脚注参照(七四頁)

※ウェーバー(Max Weber)(一八六四－一九二〇)
ドイツの社会学者、経済学者、歴史学者である。資本主義社会の成立と発展に関して包括的に究明している。『プロテスタンティズムの倫理と資本主義の精神』(一九〇四－〇五)、『都市の類型学』(一九二〇－二一)、『社会学の基礎概念』(一九二一)、『支配の社会学』(一九二一－二二)などの業績がある。

○ 都市＝直接的, 一次的関係が間接的, 二次的関係に取って代わられる. 都市の人間関係＝合理的, インパーソナルに（ウェーバー）
○ 大都会生活の精神的特性＝自由, 孤立, 無関心（ジンメル）
○ 都市的人間関係＝孤立, 孤独, 断片的（パーク）
➡ 都市が社会的接触を減少させ, 「コミュニティ」を殺してしまった.

8-1　都市アノミー論

その結果、都市においては温かく、安定した一次的関係が衰退し、匿名的で、冷たく、不安定な二次的関係が優勢となる。そして、都市では社会解体と人間疎外が生み出されるようになり、都市人は孤独で、互いに無関心となってしまうようになる。

❖都市アノミー論

このような都市のイメージは、もともとは、M・ウェーバー※（Weber, 1864-1920）、G・ジンメル※（Simmel, 1858-1918）、また、R・E・パーク（Park, 1864-1944）などによって形づくられたものである。ウェーバーによると、都市においては直接的な一次的関係が間接的な二次的関係に取って代わられ、都市の人間関係は合理的で、インパーソナルなものとなっている（ウェーバー、世良晃志郎訳『都市の類型学』創文社、一九六四（原著一九二〇―二一））。

また、ジンメルによると、大都会生活の精神的特性は自由、孤立、無関心である（ジンメル、川村二郎訳「大都会と精神生活」『ジンメル・エッセイ集』平凡社、一九九九（原論文一九〇三））。そして、パークによると、都市的人間関係は孤立、孤独、断片的なものとなっている（パークほか、大道安次郎、倉田和四生訳『都市』鹿島出版会、一九七二（原

※ジンメル（Georg Simmel）（一八五八―一九一八）
ドイツの社会学者。社会の形式を取り扱う形式社会学を提唱し、小集団、闘争、秘密、文化などについて分析を行っている。著書に『社会分化論』（一八九〇）、『貨幣の哲学』（一九〇〇）、『社会学』（一九〇八）、『社会学の根本問題』（一九一七）などがある。

著一九二五）〔8－1〕。

このように、ウェーバー、ジンメル、パークとも、都市の人間関係をインパーソナルで、疎外、孤立・孤独なものと規定しており、都市が社会的接触を減少させ、「コミュニティ」を殺してしまったと考えている。このような見解は「都市アノミー論」と呼ばれる。「都市アノミー論」は、都市においては人々が孤立し、互いに無関心であり、都市にはルールや規範など存在せず、社会の混乱がしばしば引き起こされていると考えるものである。

けれども、「都市アノミー論」の描くイメージは実際の都市とは必ずしも一致していない。都市にもさまざまな人間関係が展開しており、親密なつながりも多く生み出されており、また、一定の秩序やルール、規範が存在しているからである。

二　「都市疎外」テーゼから「社会的統合」テーゼへ

❖「ルーラル・バイアス」

アメリカの都市社会学者C・S・フィッシャー（Fischer, 1948- ）は、著書『都市的体験』（一九八四）において、「都市アノミー論から引き出された都市生活に関する予測はほとんどの検証において証明されていない」（フィッシャー、松本康、前田尚子訳『都市的体験』未來社、一九九六（原著一九八四））と主張している。フィッシャーによると、都市的な環境の下

M・ウェーバー

G・ジンメル

でも親密な社会集団は持続しており、都市人は他者や社会的支援のネットワークや道徳的システムと固く結びついており、心理的ストレスや不調に必ずしも苦しめられていない。そして、都市には農村とは異なる形態の「コミュニティ」が形成されている。

これまでの都市研究者たちは農村との比較から都市のイメージを生み出してきた。それは農村には一次的で、親密で、パーソナルな関係があるという「ルーラル・バイアス」に基づいてなされてきた。そのことによって、都市における一次的で、親密で、パーソナルな関係が無視されることになってしまった。

❖ショッピングと都市人のアイデンティティ形成

けれども、都市には農村とは異なる都市独自の「コミュニティ」が生み出されている。アメリカの社会学者G・P・ストーン（Stone, 1921-81）によると、ショッピングは都市人のアイデンティティの形成に大きくかかわっている。すなわち、ショッピングにおける買物客のオリエンティーションは経済的、合理的であるだけではなく、パーソナルで、感情的なものでもある。買物客は店員と気楽に話し合いをし、冗談を言ったりして、インパーソナルな接触を「パーソナル化」している（Stone, G. P., City Shoppers and Urban Identification, *A.J.S.*, 1954, 60: 276-84）。

つまり、都市人は店員との擬似親密的な接触を通じて、自分を都市に一体化するようになる。都市にはこのような親密な人間関係が多く存在しており、そのことを

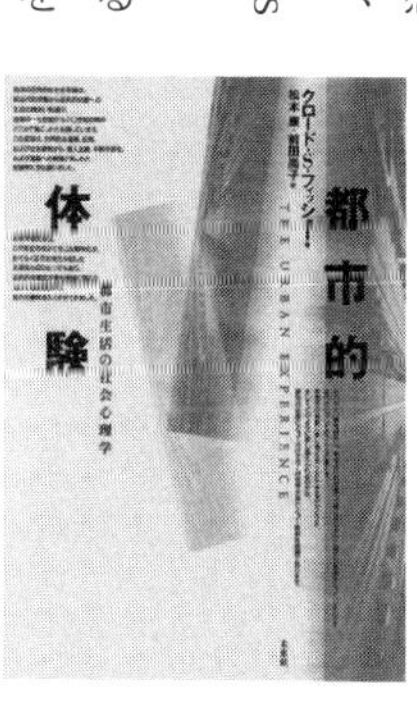

『都市的体験』

通じて、人々の都市との結びつきが強められている。ここから、「都市疎外」テーゼに代わって、「社会的統合」テーゼが生み出される。

「都市疎外」テーゼとは、都市の人間関係がインパーソナルで表面的で、一時的、断片的であり、都市人が冷淡で、無関心で、心理的ストレスや疎外感を強くもつとするものである。そして、それがこれまでの都市のイメージでもあった。これに対して、「社会的統合」テーゼとは、都市においても人間関係は決して解体しておらず、大都市においてさえ、一次的で、パーソナルな関係が存在することを強調するものである［8－2］。

そして、都市においては親密な「私的世界」が生み出されており、都市人に疎遠・疎外という事態は存しないと主張する。フィッシャーによると、「ワースの主張とは対照的に、アーバニズムは親密な仲間や隣人のような親しい集団からの疎遠・疎外を生み出さない」（フィッシャー、前出、一九九六〔原著一九八四〕）のである。

三　「ストレンジャー・インターラクション」

❖ ※「ストレンジャー」の世界

しかしまた、フィッシャーも都市には疎遠・疎外もあるという。なぜなら、都市には「公的世界」が存在しており、そこでは疎遠・疎外が生み出されているからである。「公的世界」とは道路、公園、ホール、ビル、デパート、スーパー、コンビニ、レストランなどの公共

「都市疎外」テーゼ	都市の人間関係 ＝インパーソナル, 表面的, 一時的, 断片的	「社会的統合」テーゼ	都市の人間関係 ＝一次的, パーソナル 「私的世界」が生み出されている
	都市人 ＝冷淡, 無関心, 心理的ストレス, 疎外感		都市人 ＝疎遠・疎外はない

8-2　「都市疎外」テーゼから「社会的統合」テーゼへ

の場や空間を指している。都市において、「私的世界」では親密性が存在するとしても、「公的世界」では疎外・疎遠が生み出されている。そこにおいて人々は同質的ではなく、異質的であり、また、相互扶助は少なく、「コンフリクト」が多く生じている。

アメリカの社会学者L・H・ロフランド（Lofland）によれば、都市は互いに見知らぬ人が住む「ストレンジャー（stranger）」たちの世界である（Lofland,L.H., *A World of Strangers*, Basic Books, 1973）。「ストレンジャー」たちは相手の生活史や経験などの属性情報を有しておらず、その人間関係は表面的、一時的で、限定的なものとなっている。

ただし、都市は全くの「アノミー」というわけではない。「ストレンジャー・インターラクション」は決して無規範状態ではなく、そこには一定の秩序、ルール、規範が存在しているからである。たとえば、路上における歩行者の行動には「身体を右側にかわす」とか、「距離をとる」などの秩序が存在している。また、エスカレーターの乗り方が左側によるか、右側によるかは文化的規定に基づいて行われている。つまり、歩行者の行動は互いの調整がなされる共同的行為となっている。

そして、「ストレンジャー・インターラクション」には「匿名性維持のルール」が存在している。都市においては匿名性が存在しており、互いに誰であるのか、すぐにはわからない。けれども、そのことが人々の自由の感覚を生み出している。しかし、そのためには匿名性は簡単に破られるわけにはいかない。つまり、匿名性は無規範と同じではなく、それ自体維持されるべきルールが必要である。

※**ストレンジャー（stranger）**
見知らぬ人、異邦人、また新規来住者のことである。ストレンジャーたちは互いに個人属性についての知識をもっておらず、その人間関係は表面的、一時的、限定的となっている。

ここから、都市は「不関与の規範」を発達させるようになる。不関与とは他の人とかかわり合うことを避けることである。人々は電車や地下鉄において座る場所を他の人とできるだけ離れようとして、場所の最大距離化を行う。また、不必要な身体的接触や視線をできるだけ避けようとして、身体接触やアイ・コンタクトの最小化を行う。そして、見て見ぬふりをする「儀礼的無関心（civil inattention）」を装うようになる。

ただし、この不関与には実は関与が不可欠である。不必要なかかわりを回避するためには互いのことを気にしなければならない。つまり、不関与のために関与しなければならなくなる。そこで、不関与と関与のバランスを保つために、秩序を作り上げる必要性が出てくる。

❖「外見」による相互作用

他方、「ストレンジャー」たちは、個人的には見知らなくても、視覚上では他の人を直接に知ることができる。とりわけ、服装、髪型、帽子、靴、装飾品などの「外見（appearance）」を見ることができる。そこで、「外見」を通じて都市人は互いの社会的地位や身分を推測するようになる。「外見」は都市人のアイデンティティの鍵となっている。

そのことから、人々は他者によい印象を与え、悪い印象を避けるために自己を操作する「印象操作（impression management）」を行うようになる。E・ゴッフマン※（Goffman, 1922-82）によると、「都市人は『外見』の適切なディスプレイであるセルフ・プレゼンテーション、つまり、『印象操作』に腐心するようになる」（ゴッフマン、石黒毅訳『行為と演技』誠信書房、

※ゴッフマン
(Erving Goffman)
（一九二二－八二）
アメリカの社会学者。人間の行為を演技とみる「ドラマティズム」の立場から、人々の行為の独自性や規則の意味合いを明らかにしている。著書に『行為と演技』（一九五九）、『出会い』（一九六一）、『集まりの構造』（一九六三）、『儀礼としての相互行為』（一九六七）などがある。

① 都市の「公的世界」は全くの「アノミー」状況ではなく，一定の秩序が存在している．
② 都市の秩序は流動的で変化・変容し，また新しく作り上げられている．
③ 都市人は互いの行為を規定し，再規定し，解釈と意味付与を行う社会的世界の構築のアクティブな参加者となっている．

8-3 「都市的相互作用」

一九七四〔原著一九五六〕）。

そこから、都市人においては、どういう服装を着るか、どのような姿・格好をするのかが重要な関心事となる。そして、都市に生きる人々はこのような「外見」による相互作用を展開するようになる。この「外見」による相互作用はパターン化され、構造化され、予測可能なものとなっている。

このような「都市的相互作用」が存在することは、これまでのイメージとは異なっている。都市の「公的世界」も全くの「アノミー」状況ではなく、一定の秩序、ルール、規範が存在している。しかも、それらは流動的で、変化・変容し、また、新しく作り上げられているものとなっている。このように、都市人は互いの行為を規定し、再規定し、解釈と意味付与を行う社会的世界の構築のアクティブな参加者である。そこにおいて都市生活のダイナミックなイメージが具体的な事象として展開されていることになる［8－3］。

Q&A

Q

「都市的相互作用」とは何か。その特質はどのようなことであるのか。そして、その典型である「ストレンジャー・インターラクション」においては、どういうことが行われているのだろうか。

A

これまで、都市においては人々が孤立し、互いに無関心であり、都市にはルールや規範など存在せず、社会の混乱がしばしば引き起こされていると考えられてきた。けれども、都市の人間は必ずしも孤立しているのではなく、都市にもさまざまな人間関係が展開している。

「都市的相互作用」とは、都市に住む人々の相互作用のあり方を指している。都市においても親密なつながりが多く存在し、また、一定の秩序やルール、規範が生み出されている。このような「都市的相互作用」が存在することは、これまでのイメージとは異なり、都市が全くの「アノミー」状況ではないことを意味している。

「都市的相互作用」の典型である「ストレンジャー・インターラクション」には一定の秩序、ルール、規範が存在している。都市人の自由な感覚を生み出す匿名性は、それ自体維持されるべき「匿名性維持のルール」があり、また、他の人との不必要なかかわりを避ける「不関与の規範」が存在している。そして、「ストレンジャー」たちが行う「外見」による相互作用もある程度パターン化され、構造化され、予測可能なものとなっている。

ブック・ガイド

M・ウェーバー、世良晃志郎訳『都市の類型学』創文社、一九六四（原著一九二〇―二一）。

都市の概念と類型、そして、西洋中世における都市の発展と近代資本主義の発達との関連について理論的、具体的に論じている。そして、すべての都市に共通していることは「相対的にまとまった集落である」と指摘している。

E・ゴッフマン、石黒毅訳『行為と演技』誠信書房、一九七四（原著一九五六）。

人々の日常生活における社会的相互作用を具体的に分析し、他者とのフェイス・トゥ・フェイスな相互作用の場面において、人々がどのようなパフォーマンスを行うのかについて調査研究から明らかにしている。

C・S・フィッシャー、松本康、前田尚子訳『都市的体験』未來社、一九九六（原著一九八四）。

都市の物的環境、社会的環境、社会集団、社会関係、都市人のこころ、パーソナリティ、郊外体験などについて、豊富なデータに基づき、都市人の新しいイメージを明らかにし、さらに、都市の未来について論じている。

井上俊、伊藤公雄編『都市的世界』世界思想社、二〇〇八。

本書において、都市に関する著名な文献の解説がなされている。パークほかの『都市』、ワースの「都市的生活様式」、K・リンチの『都市のイメージ』、ジンメルの「大都会と精神生活」など、多くの文献が取り上げられている。

第九章　コミュニティ活動の担い手―住民組織

一　町内会の成立と機能

✣町内会論争

町内会を否定的に見るのか、あるいは肯定的に評価するのか。双方の立場からの論争が、一九六〇年代から一九九〇年代まで繰り広げられてきた。前者は町内会を封建遺制であるとみなし、町内会は戦後日本の近代化や民主化を否定するものであるとするとらえ方であった。他方、後者は町内会という社会組織は日本人の「文化の型」であるとするとらえ方であった。双方の観点について、玉野和志（1960-）（『近代日本の都市化と町内会の成立』行人社、一九九三）の整理に依拠しながら、簡単に説明しておこう。

戦後、アメリカ占領軍は、町内会を日本に独自の「封建遺制」と規定し、ファシズムに協力したという理由から解散を命じた。一九四七年の町内会禁止令である。その後、一九五一年にサンフランシスコ講和条約を締結したことにともない、町内会禁止令は効力を停止することとなった。このとき、町内会を「封建遺制」とみなす立場からは、町内会禁止令が効力を失ったとしても、戦後の近代化や都市化の進展に伴って、町内会はいずれ消滅するだろうと考えられた。

しかしながら、事実は異なった。町内会は各地で復活することとなったのである。それだけではない。郊外の新興住宅地においても、町内会とよく似た性格をもつ自治会が続々と誕生したのである。この事実を説明するためには、町内会という社会組織の形態そのものは日本人の「文化の型」であり、それ自体は否定も肯定もできないとする考え方が提案された。近江哲男（1922-83）や中村八朗（1925-2008）によって主張された「町内会＝文化の型」論である。

町内会論争自体は、「これを提起した中村のねらいが、町内会に対する否定的な先入観が存在することへの批判を意図したこともあって、イデオロギー的な色彩の強いものになってしまった」（玉野和志、前出、一九九三）。しかしながら、町内会を否定するか、肯定するかといった問題提起は、町内会の起源と意味を十分に解明する必要があることを示唆することにつながったのである。

❖都市化による地域社会の危機と町内会の成立

以下では、玉野和志（『東京のローカル・コミュニティ―ある町の物語一九〇〇―八〇』東京大学出版会、二〇〇五）を参考にしながら、東京における町内会の起源について概観しておこう。

戦前、東京の地域社会には、町内会の前身となるものの、町内会とは異なる組織があった。地付層中心の排他的組織である。すなわち、土地をもつ者が組織した、土地をもたない者を取り込まない集団であった。

大正の末期から昭和の初期のころ、東京には多くの人々が集まってきていた。近代資本主義の勃興に伴う都市化時代の幕開けである。新規来住者の増加は、もともとそこで暮らしていた住民である地主に加えて、俸給生活者（サラリーマン）も同じ場所に居住を開始することを意味した。また、これらの人々に物品の販売やクリーニングなど生活に必要な各種のサービスを提供する自営業を営む人々もまた、東京に引き付けることとなった。このように、地主層、俸給生活者層、自営業者層という三種の社会層の人々が集って、東京という社会を構成するようになった。

旧来の地域社会内では、名望家である地主層が高い社会的地位を占めていた。しかしながら、近代資本主義の勃興に伴い、旧地主勢力が相対的に没落しはじめた。そのような時代の潮流の中で、地付層中心の排他的組織では新規来住者たちをまとめることができないため、町内社会は解体の危機を迎えた。

この危機的状況を乗り越えるためには、新規来住者の加入を許容する開かれた組織が必要となる。全戸加入が原則である町内会は、このような必要性から生み出されていった。町内会の前身となる組織が地付層中心の排他的組織であったのに対して、町内会・町会はそこに暮らす全ての人々を取り込む組織として産声をあげたのである。

町内社会に暮らす、立場が異なるさまざまな住民たち。相互に利害が食い違い、習慣や伝統に対する意見の対立があり、ともすれば軋轢が生じる。そのような全住民が抱える、さまざまな生活課題を解決するための活動を行うことが期待される場として誕生したのが町内会である。担うべき活動は多機能となって当然であった。現在では親睦機能と行政補完機能が主な機能といわれている町内会ではあるが、元来は親睦機能、共同防衛機能、環境整備機能、行政補完機能、圧力団体機能、町内の統合・調整機能、社会教育機能、地域代表機能、地域福祉機能、地域文化機能などを担ってきたとされている。

❖戦時下の町会整備と都市コミュニティの再編成

その後、町内会は戦時体制のもとで、国家によって制度的に整備されていく。戦争という国家的な目的を遂行するためには社会的統合が是非とも必要であった。最も容易に、そして最も確実に社会統合を実現するためには地域社会をまとめる力をもち始めていた町内会を利用すべきである。当時の為政者はそのように考えたのである。

このようにして、少なくともその土地に定住する世帯の人々を分け隔てなく等しく「住民」として組織する、全く新しいタイプの地域住民組織として「町内会」が政府のお墨付きによって設定された。

このことは、「町内会」という場での「貢献という業績によってのみ評価される、それなりに近代的な社会原理が作動する組織」(玉野和志、前出、二〇〇五)が新たに生まれたことを意味する。すなわち、地主の子も商人も労働者も、そして新たに流入した自営業者にも地域での活躍の機会が等しく開かれたのである。地元の地主たちでさえも、これまで守ってきた特権的な地位を維持するためには、このような開かれた公的な場で、自らのリーダーシップを積極的に示していかなければならなかった。つまり、町内会活動においては、他の住民を納得させるだけの手腕と人望が求められたのである。その才覚に長けた者は、ひとかどの人物として地域社会で認められていくこととなった。したがって、町内会は、新しく入ってきた自営業者たちが、学歴のある俸給生活者やもとからいた地主たちに伍して地域社会の公的な側面に貢献できる場として登場したのである。地域社会の担い手は、このようにして再編成されていった。

❖町内会は日本固有か

このようにして、ひとつの町内にひとつの町内会ができあがっていった。つまり、町内会は排他的地域独占性という特徴をもったのである。また、その土地に定住する全ての世帯に対して、世帯全員の、すなわち世帯単位の加入を求めることとなった（世帯単位加入性）。その地域社会に生まれれば、なかば自動的に全世帯が加入することとなる（全戸自動加入性）。そして、地域社会が抱える全ての生活課題を処理するという包括機能性をもつ住民組織として町内会は誕生した。戦後の占領政策の中で解散を命じられたにもかかわらず、その禁止令が無効となると、続々と復活をとげた。親睦機能と行政補完機能へと縮小したとはいえ、現代社会でも存在し続けている。このような住民組織は日本社会に固有のものなのだろうか。

二　イタリアの都市（シエナ）の住民組織

✣住民組織：コントラーダ

イタリアのトスカーナ州にある都市シエナ※［9－1］。そこは周囲に広がる農村地域とは城壁によって隔てられた丘の上の都市である。シエナはコンタードと呼ばれる服属する農村地域を城壁の周辺にもつ、領邦的な都市国家のひとつであった。シエナの住民組織であるコントラーダについて、倉沢進（1934-）（倉沢進ほか編『都市と人間』放送大学教育振興会、二〇〇三）に依拠しつつまとめてみよう。

城壁内側の社会は、コントラーダと呼ばれる住民組織によって構成されていた。シエナには一七のコントラーダがある［9－2］。サン・マルコ門周辺の住民組織にはキオッチョラという名前がついている。キオッチョラの東に隣接する住民組織にはタルトゥーカ、その東に隣接する住民組織にはオンダというコントラーダ名がついている。

9-1　シエナ

※シエナ
　イタリア中部トスカーナ地方にある丘の上にある、人口約六万人の小都市である。シエナは、ローマからイタリア中部・北部を経てフランスを斜めに横切ってカレーに至るフランチュニジア街道の結節点にあたり、ヒト・モノ・情報の流れにのって商業都市として発展した。シエナは三つの尾根が集まった地形をもつが、その接合部が形づくった巨大な窪地にできた広場が、パリオの舞台となるカンポ広場である。

❖住民に一体感をもたらす装置群

コントラーダ名は単なる地名ではなく、動物の名前がつけられている。キオッチョラ＝カタツムリ、タルトゥーカ＝亀などである。これらのシンボル動物が各住民組織の旗に描きこまれる。オンダ（＝波）のようにコントラーダ名に動物が用いられていない場合には、別途シンボル動物が定められている（オンダのシンボル動物はイルカである）。

旗には、コントラーダごとに異なるシンボル動物が描きこまれているだけでなく、固有の色が使われている。黄色と青のストライプ模様に亀のデザインを描きこんだのは、タルトゥーカという名称のコントラーダ旗であり、赤と黄色の市松模様にカタツムリのデザインが描かれているのはキオッチョラという名前のコントラーダ旗である。これらの動物や色などのシンボルを通じて、住民はそれぞれの地域社会との一体感を高めることになる。

東京の下町には、現在でも固有の旗と集会場をもっている町内会がある。冠婚葬祭のときに掲げられる旗も、町内会活動を行うために必要な資材を保管したり会議を行ったりする集会場も、と

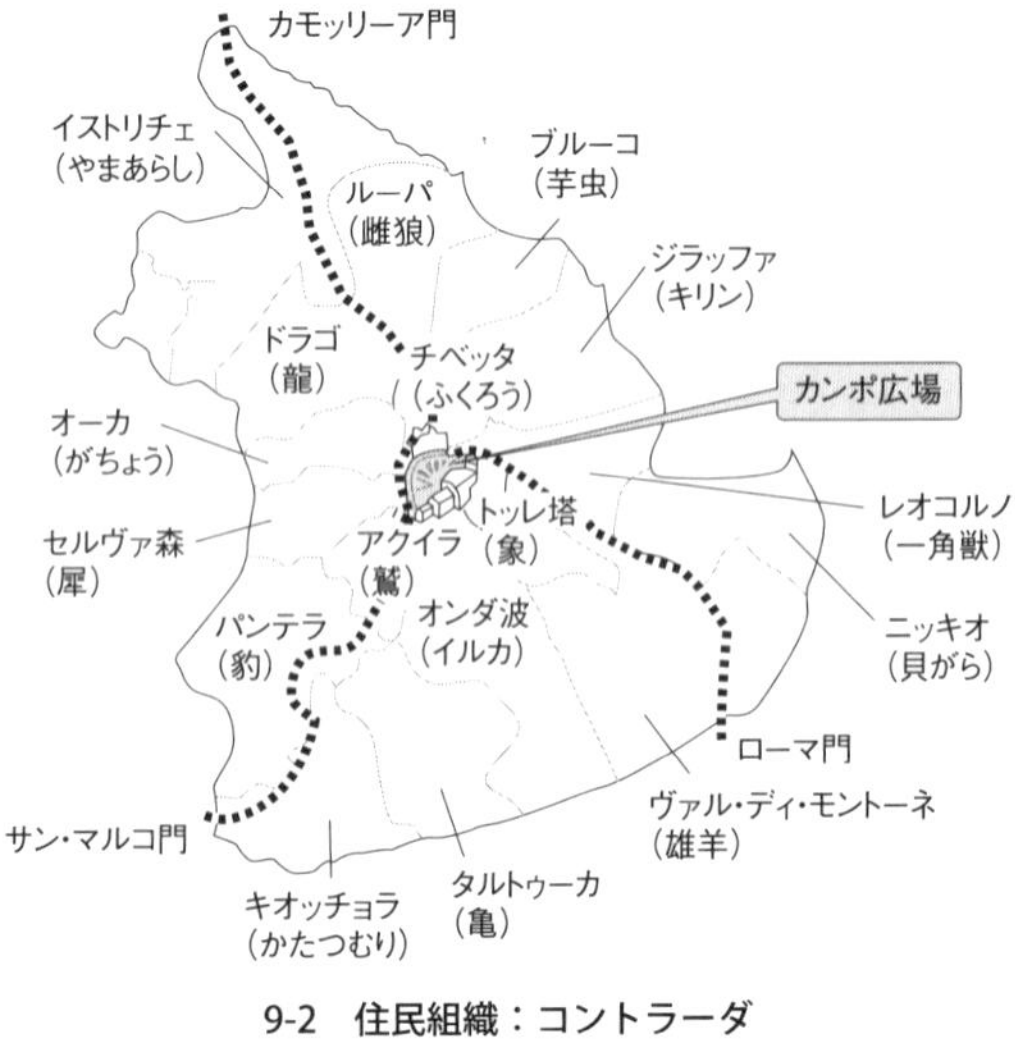

9-2　住民組織：コントラーダ

もに住民に一体感をもたらすための装置群として機能しているようである。シエナのコントラーダにも、そのような装置群が備わっていた。

❖パリオ※と呼ばれる祭りの運営

シエナのコントラーダもまた、東京下町の町内会と同様に、地域住民の多くが参加するお祭りを運営している。シエナの中心にあるカンポ広場では毎年七月と八月に、パリオと呼ばれる祝祭が開催される。パリオとはコントラーダ対抗の騎馬競争を中核とする祝祭である。「パリオ」という言葉は、元来、騎馬競争で優勝したコントラーダに贈られる優勝旗を指していた。次第に、騎馬競争そのものも「パリオ」と呼ばれるようになり、祝祭そのものをも指す言葉となっていった。

コントラーダはパリオを運営する。コントラーダは騎手を雇い入れ、市庁舎で開催される抽選会において馬を引き当てる。望みの馬を当てたコントラーダは歓喜とともに馬を引き、コントラーダの集会場にある厩舎に戻る。厩舎では出走の日までの馬の世話が丹念になされる。

馬の競走はカンポ広場を三周走ることによって行われる。住民は観光客らとともにカンポ広場に集い、コントラーダの色を身にまとい、旗と同じデザインのスカーフを首に巻いて応援する。優勝したコントラーダのみが手にすることを許される旗、優勝旗の獲得を目指して、熱狂的に応援するのである。

※パリオ

パリオとは、コントラーダ対抗の騎馬競争を中核とする祝祭である。この言葉の本来の意味は、「四角の布地」つまり旗である。しかしながらここでは、聖母マリアから授けられた幟状の旗を意味し、カンポ広場を三周してこの優勝旗を争うはだか馬の競走、そしてこの騎馬競走を中核として七月二日（聖母訪問の日）、八月一六日（聖母被昇天の日）の二度行われる夏の祭典をも意味するようになった。

✣日常生活の場としてのコントラーダ

パリオへの取り組みは、年二回の祝祭の会期だけにとどまらない。八月のパリオが終わると、各コントラーダは翌年のパリオに向けて、騎手の選定をはじめ、さまざまな作戦が開始される。新しく加わったメンバーを含めて、応援のための太鼓打ちや旗振り演技の練習が始まる。パリオ運営の資金を捻出するためのイベント企画や運営も行われる。このように、パリオを中心にしてシエナでの生活は営まれている。

コントラーダはパリオを運営するためだけにあるのではない。「シエナでは、人はコントラーダに生まれ、そこで洗礼を受け、そこで結婚し、そこで死ぬ」（倉沢進ほか、前出、二〇〇三）のである。シエナで生まれた子どもはプリオーレから洗礼を受けることによって、コントラーダに入会する。プリオーレとはコントラーダのリーダーであり、日本の町内会でいえば町内会長に相当する人物である。洗礼、すなわちコントラーダの入会儀式においては、プリオーレから入会する子どもとその両親に証書が手渡され、子どもの名前入りのワインなどの記念品が贈られるようである。

コントラーダにおいて、社交と娯楽、相互扶助などの機能を担うのは、ソチエタと呼ばれるクラブである。ソチエタとは組織を指す言葉であると同時に、その組織が活動する施設・場所をも指しているようである。たとえば、オンダというコントラーダの場合、本部は守護聖人ジュウゼッペ教会にあり、ソチエタは中心街路の反対の位置に集会場・宴会場・遊技場・

バールなどをもっている。「バール」でバーテンダーとしてカウンターに立っていた人は銀行員であり、暇があるときだけバーテンダーをしているという。住民はコントラーダの用事があるときは、「バール」に立ち寄り、ワインを嗜みながら、世間話をしたり、ゲームに興じたりしているようであり、昼間は高齢者が集うものの、夜は若者のたまり場にもなるという。住民が気楽に時を過ごすことのできる居場所がここにあるのだ。

三　町内会とコントラーダ

❖特徴の比較

最後に、日本の町内会とイタリアのコントラーダを比較してみよう。町内会もコントラーダもどちらもひとつの地域にはひとつの組織しかない。町内会の場合でも、ある特定の範囲に同時に二つの町内会が存在することはなく、またコントラーダの場合であっても同様であった。すなわち、排他的地域独占という特徴をどちらの住民組織ももっているといえよう。

町内会は、その地域社会に生まれれば、なかば自動的に全世帯が世帯単位に加入することとなるという特徴、すなわち、全戸自動加入性と世帯単位加入性という特徴を有していた。町内会については世帯主と世帯員が異なる町内会に属するということはない。

一方、コントラーダの場合には微妙な違いはあるものの、原則として世帯単位の加入が行われているといわれている。前述したとおり、シエナで生まれた子どもは、プリオーレから洗礼を受けることによって、両親とともにコントラーダの一員になる。その意味では、全戸自動加入であり、世帯単位の加入が原則となっているといえよう。ただし、異なるコントラーダ出身の二人が世帯を構成した場合、パリオにおいては、それぞれが出身のコントラーダを応援するという事例も見られるようであるので、加入単位については判断が分かれるところである。

町内会は、その土地に定住する全ての世帯を対象として、地域社会が抱える全ての生活課題を処理するという包括機能性をもつ住民組織として誕生した。コントラーダも、誕生、洗礼、結婚、葬儀という人生の重要な通過儀礼を営むだけでなく、ソチエタと呼ばれる組織を通して、社交と娯楽、相互扶助などの機能を提供している。したがって、どちらの住民組織も包括的機能性をもつ住民組織であるといえよう。

❖住民組織の比較研究の必要性

日本の町内会が親睦機能と行政補完機能を中心として、機能的に縮小している傾向をもつことは前述したとおりである。一方、コントラーダについては、「今後精査が必要であるが、さしあたりコントラーダにおいて末端行政補完機能は、町内会と異なり、果たしていないといってよいのではないか」（倉沢進「町内会とコントラーダ」『日本都市社会学会会報』二二、二〇〇四）と指摘されている。このような差異はあるものの、町内会とコントラーダは非常によく似た特徴をもつ住民組織であるといえよう。

これまで町内会は日本独特の住民組織であると考えられてきた。コントラーダのように町内会と近似した住民組織が存在することは、従来あまり気づかれてこなかった。今後は、諸外国の例も取り上げながら、町内社会と住民組織について研究をさらに進めていくことが重要であると考えられる。

Q&A

Q

日本社会におけるコミュニティ活動の主たる担い手は町内会・自治会である。町内会・自治会にはどのような特徴があるか。また、そのような特徴をもつ住民組織は諸外国にもあるのだろうか。

A

コミュニティ活動の担い手である住民組織の代表は町内会・自治会である。東京における町内会の起源と意味について先行研究を紐解くと、少なくともその土地に定住する世帯の人々を分け隔てなく等しく「住民」として組織する、全く新しいタイプの地域住民組織として「町内会」が戦時体制のもとで国家によって制度的に整備されてきた。このような住民組織は、日本社会に固有のものであるともいわれてきたが、イタリアの都市シエナにも同様の住民組織であるコントラーダが存在している。

町内会は、その地域社会に生まれれば、なかば自動的に全世帯が世帯単位に加入することとなるという特徴、すなわち全戸自動加入性と世帯単位加入性という特徴を有している。他方、コントラーダも原則として世帯単位の加入が全戸において行われている。また、どちらの住民組織も、包括的機能性をもつ住民組織であるという特徴をもっており共通点が少なくない。

ブック・ガイド

玉野和志『近代日本の都市化と町内会の成立』行人社、一九九三。

町内会は日本の都市社会学における主要な研究対象となってきた。にもかかわらず、大正から昭和にかけての町内会の形成過程に関する実証的な研究は、この時期の文書資料が敗戦によって大量に失われたために、あまりなされてこなかった。本書は口述資料をも活用することによりその欠を埋め、町内会に対する新しい歴史的認識を提示している。

倉沢進、香山壽夫、伊藤貞夫編『都市と人間』放送大学教育振興会、二〇〇三。

日本の町内会は世帯単位加入性、全戸自動加入性をもち、地域社会が抱える全ての生活課題を処理するという包括機能性をもつ住民組織として誕生した。そのような住民組織は日本独自であると認識されてきた。しかしながら、諸外国にも同様の住民組織があることがわかってきた。本書は、そのような住民組織の例として、イタリアのコントラーダについて詳しく紹介している。

第十章　「住みよいコミュニティ」
――「コミュニティ・イメージ」

一　「コミュニティ・シンボル」

✣都市のシンボル

こんにち、都市のシンボルやイメージの重要性がいわれてきている。都市のシンボルとして、たとえば、パリではエッフェル塔や凱旋門、ロンドンではビッグベン、ニューヨークでは摩天楼や自由の女神、サンフランシスコではゴールデン・ブリッジなどがあげられる。東京では東京タワー、皇居、浅草雷門、レインボー・ブリッジ、あるいは秋葉原、そして、いまや東京スカイツリーが新たなシンボルとして登場してきている。

このような都市のシンボルは、人々の都市イメージや都市経験に大きく影響を与えている。そして、それは都市生活の理解を可能とさせ、都市生活それ自体の形成に強くかかわっている。

けれども、都市のシンボルやイメージについて、社会学ではこれまであまり関心が向けられてこなかった。都市社会学は都市の人間生態学的解明

エッフェル塔

東京スカイツリー

を行い、人々の生態学的な集まり、集合、または同心円的広がりという生態学から、都市の解明がなされていた。しかし、それは「都市のイメージ」からする都市研究ではなかった。

人々が自分の生活環境をどのようにイメージしているのかを明らかにしなければ、その生活を十分に理解したことにはならないであろう。都市の研究は物理的環境の解明だけでは不十分であり、「都市のイメージ」に関する研究が大いに必要とされる。

❖「マインド」の状態としての都市

「都市のイメージ」の研究は、しかし、全く新しい都市研究を行うことではない。都市社会学の父といわれるR・E・パーク（Park, 1864-1944）によって、「都市のイメージ」の重要性がすでに指摘されている（パークほか、大道安次郎、倉田和四生訳『都市』鹿島出版会、一九七二〈原著一九二五〉）。パークは、「都市」を単なる物理的な環境ではなく、「マインド（mind）」の状態と規定している。人々は物理的環境に対して自ら意味づけし、そこにシンボル的、意味的世界を作り上げている。

都市は「モノ」の状態というよりも、「ココロ」の状態である。つまり、人々は都市そのものに住んでいるのではなく、都市に関するイメージのうちに住んでいる。したがって、都市は単にビルや住宅などの「モノ」の配置などからなる物理的環境としてではなくて、それに対して人々が付与する意味の世界、イメージの世界として存在することになる。

パークは、都市を「コミュニティ」とは別に「ソサイエティ」としても考えていた。「コミュニティ」は「競争」を基礎に形づくられた生物学的、生態学的な集まりであるが、「ソサイエティ」は「コミュニケーション」によって、また、「コミュニケーション」において存在するものである。人と人との「コミュニケーション」において生まれる人々の「マインド」のあり方が「ソサイエティ」ということになる〔10-1〕。

パーク自身は、この「ソサイエティ」のあり方を具体的に明らかにする必要があると考えていた。しかし、パーク以後においては、生態学的研究は活発化したが、この面での社会学的研究はほとんどなされてこなかったといえる。

二　「都市のイメージ」の研究

❖リンチの「都市のイメージ」の研究

「都市のイメージ」の研究といった場合、K・リンチ※（Lynch, 1918-84）の研究が有名である。リンチは都市の姿が人々にどのように写っているか、そのイメージとイメージを与える環境のあるべき姿はどういうものか、そして、そのために都市計画家たちは何ができるかについて考えていた。

リンチによると、「都市のイメージ」には三つの分析レベルがある。それは「アイデンティ

「コミュニティ」	「競争」を基礎に形づくられた生物学的，生態学的な集まり
「ソサイエティ」	「コミュニケーション」によって，また，「コミュニケーション」において存在するもの

10-1　「コミュニティ」と「ソサイエティ」（パーク）

※リンチ（Kevin Lynch）（一九一八−八四）
アメリカの都市工学者、都市計画家。多くの都市において「都市のイメージ」についての調査研究を行っており、また各地の再開発やニュータウンの建設にかかわっている。主な著書に『都市のイメージ』（一九六〇）、『時間の中の都市』（一九七二）、『廃棄の文化誌』（一九九〇）などがある。

ティ（identity）」、「ストラクチュア（structure）」、「ミーニング（meaning）」のレベルである（リンチ、丹下健三、富田玲子訳『都市のイメージ』〔新装版〕岩波書店、二〇〇七〔原著一九六〇〕）〔10-2〕。

「アイデンティティ」とは都市の個性・独自性のことであり、「ストラクチュア」とは都市の構造というよりも、観察者と環境との空間的関係を指している。そして、「ミーニング」は都市生活者による意味づけである。このうち、「アイデンティティ」と「ストラクチュア」は都市の物理的要因を指し、「ミーニング」は人々が都市に与える意味の世界を表している。

『都市のイメージ』

3つの分析レベル	5つの構成要因
①「アイデンティティ」（identity） ②「ストラクチュア」（structure） ③「ミーニング」（meaning）	①「パス」（path） ②「エッジ」（edge） ③「ディストリクト」（district） ④「ノード」（node） ⑤「ランドマーク」（landmark）

10-2　都市のイメージ（リンチ）

そして、「都市のイメージ」の構成要因として五つ、すなわち、「パス（path）」、「エッジ（edge）」、「ディストリクト（district）」、「ノード（node）」、「ランドマーク（landmark）」があげられている。「パス」とは人々が通る通路であり、道路や鉄道などを指しており、人々はこの「パス」を通って移動するようになる。「エッジ」とは角、境界を指し、壁や海岸線などがそれにあたる。

また、「ディストリクト」とは区域、地区を意味し、市の中心地域、商業地区、文教地区などを指している。そして、「ノード」は交差する地点であり、交差点や結節点を指しており、最後の「ランドマーク」

はタワーなどのように外から見て、際だって目立つ目印のことである。

リンチの「都市のイメージ」の研究枠組みはきわめてわかりやすく、日本の都市のイメージを考えるのにも大いに役に立つものと思われる。しかしまた、リンチが都市工学者ということもあって、リンチの研究は「アイデンティティ」と「ストラクチュア」という物理的、空間的要因の分析にとどまっていた。けれども、「都市のイメージ」については物理的要因に加えて、社会的、文化的、主観的要因も考える必要がある。

社会的要因としては会社、デパート、スーパー、コンビニ、商店、交通機関などが含まれ、文化的要因には情報メディア、娯楽、教育などがあげられる。このような社会的、文化的要因は「都市のイメージ」を考えるのに必要不可欠である。物理的環境の上に人が住み、そこに社会的要因や文化的要因などが存在し、それらが全体として「都市のイメージ」を形づくっていることになる。

❖主観的要因

そして、このような物理的要因、社会的要因、文化的要因に加えて、主観的要因を明らかにする必要がある。主観的要因とはイメージする主体側の「意味づけ」を表している。人々は物理的、社会的、文化的要因に対して、自分が置かれた位置や状況、また、これからの行為の方向にしたがって「意味づけ」をしている。それは対象の認識、評価、感情などを含んでおり、客観的要因とは独立の要因となっている。

リンチは、住む人々の「意味づけ」についてはあまり取り上げていなかった。しかし、どのような人がどのような「意味づけ」をしているかによって、「都市のイメージ」は異なってくる。都市内部の人間の目、旅人の目、よそ者の目、また、流入者の目によって、都市は異なるものとして映ってくることになる。

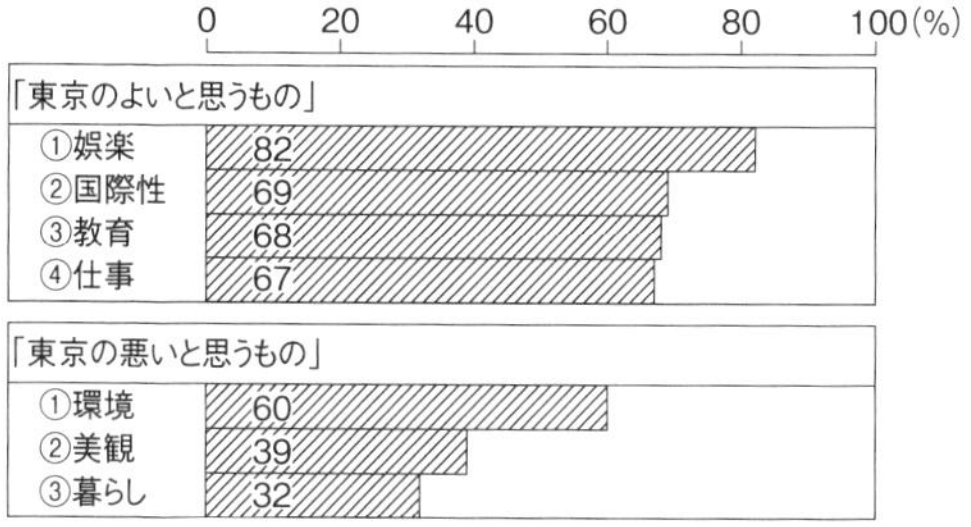

出典：東京商工会議所「東京のイメージに関する意識調査」1999より作成

10-3　東京のイメージ

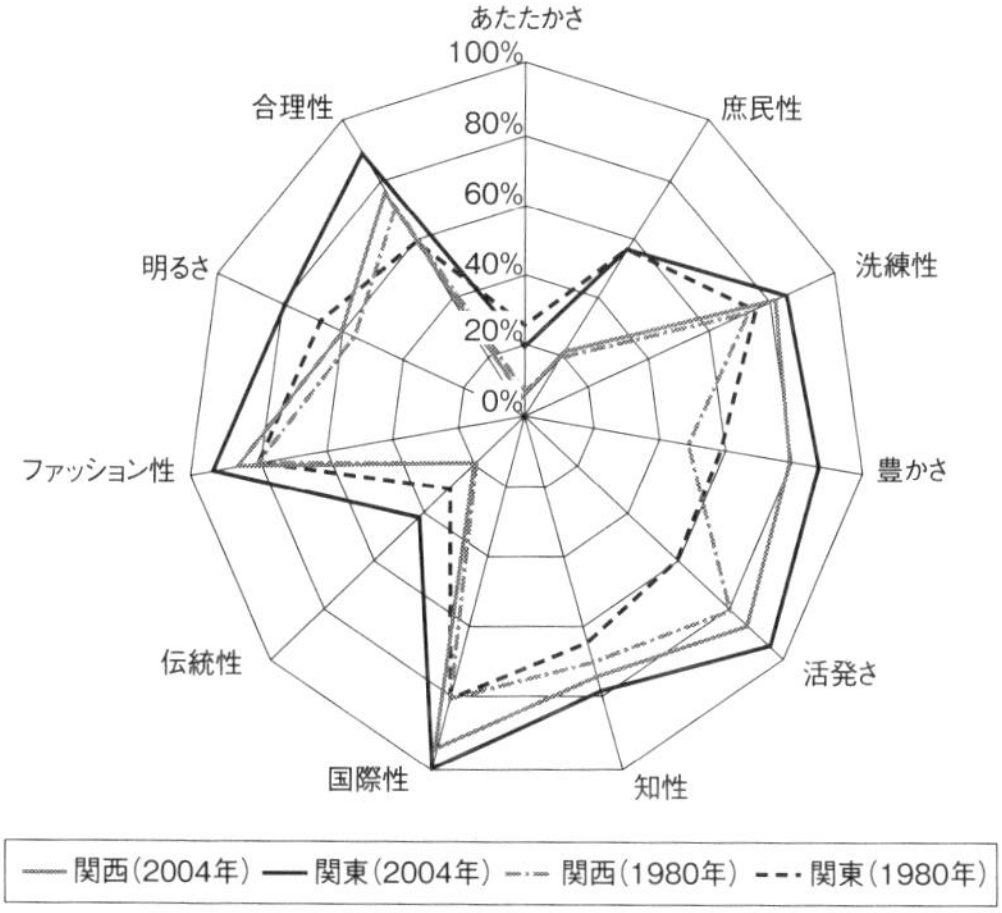

出典：関西社会経済研究所『関西活性化白書 2004』2004，50 頁.

10-4　関西の人から見た東京のイメージ，関東の人から見た東京のイメージ

都市内部の人間は都市をどのようにイメージしているのだろうか。東京人が「東京のよいと思うもの」は娯楽、国際性、教育、仕事であり、また「東京の悪いと思うもの」は環境、美観、暮らしが多くなっている（東京商工会議所「東京のイメージに関する調査」一九九九）［10－3］。

他方、外部の人たちは東京をどのように見ているのだろうか。関西の人から見た東京は国際性、ファッション性、活発さ、合理性、洗練性が高いことにおいて、関東の人から見た東京とほぼ同じであるが、他方で、東京はあたたかさがかなり低く、また、伝統性も低く、明るさもやや低くなっている（関西社会経済研究所『関西活性化白書二〇〇四』二〇〇四）［10－4］。

✣流入者の都市イメージ

また、外部の人間といっても、東京に住むためにやってきた人々にとっては、東京は他の人とは異なったものとして映るだろう。九州から大学に入学するために上京した三四郎※にとって、東京は「動いている」というイメージであった。また、福岡からやってきた信介※にとっても、東京は「何もかも動いている」というイメージとなっている［10－5］。

三四郎が東京で驚いたものは電車の鳴る音、多くの人が乗り降りすることであり、最も驚いたのはどこまで行っても東京がなくならないことである。そして、すべてのものが破壊され、また、同時に建設されつつあることであり、まさに東京は「動いている」と感じられた。

また、福岡からやってきた信介にとって、東京のイメージは「恐ろしいほどの人の渦、激

※三四郎
小川三四郎。夏目漱石が明治四一（一九〇八）年に『朝日新聞』に連載した長編小説『三四郎』の主人公。小説では三四郎が九州の田舎から上京し、都会での経験、人との出会い、また、恋愛経験などが描かれている。

※信介
伊吹信介。五木寛之が昭和四四（一九六九）年に『週刊現代』に連載した長編小説『青春の門』の主人公。小説の内容は九州の筑豊から東京に出てきた信介のさまざまな体験、生き方、青春の遍歴が描かれ、筑豊篇、自立篇、放浪篇、堕落篇、望郷篇、再起編、挑戦篇、風雲篇からなっている。

○三四郎が「東京で驚いたもの」

三四郎が東京で驚いたものは沢山ある。第一電車のちんちん鳴るので驚いた。それからそのちんちん鳴る間に、非常に多くの人間が乗ったり降りたりするので驚いた。次に丸の内で驚いた。尤《もっと》も驚いたのは、何処《どこ》まで行っても東京が無くならないと云《い》う事であった。しかも何処をどう歩いても、材木が放り出してある、石が積んである、新しい家が往来から二三間引込んでいる、古い蔵が半分取崩されて心細く前の方に残っている。凡《すべ》ての物が破壊されつつある様に見える。そうして凡ての物が又同時に建設されつつある様に見える。大変な動き方である。

（出典：夏目漱石『三四郎』〔改版〕、新潮文庫、昭和二三（一九四八）より）

○信介が「初めて見る東京の朝の表情」

ラッシュの時間はどうやら終りかけているらしいが、まだ恐ろしいほどの人の渦だった。出社時間に滑りこもうとするのか、電車のドアから弾《はじ》かれたように飛びだすと、階段を髪をふり乱して駆けおりる男たちがいた。腕時計のネジを巻きながら、小走《こば》りに高いヒールを鳴らしてすりぬけていく娘たちもいた。目をつりあげて喘《あえ》ぎながら、カバンを胸に抱きしめておしだされてくる初老の男の額には、汗の粒が光っている。

〈東京だな、これが〉

信介はしばらくぼんやりとホームの端からその激しい人間の流れを眺めていた。それは彼がはじめてみる大都会の表情だった。

〈なにもかもが動いている〉

と、信介は心のなかでつぶやいた。素早く、そして激しく、人間が駆け、電車が間断なく発着し、スピーカーが叫び、なにもかもがまえのめりになって突っ走ろうとしている。

〈おれは今日からここの街の人間になるのだ〉

信介はぶつかりながら流れていく人の波をみつめて、そう考えた。

（出典：五木寛之『青春の門』第二部自立篇〔改訂新版〕、講談社文庫、平成元（一九八九）より）

10-5　〈動いている東京〉のイメージ

しい人の流れ。何もかも動いている」ものであり、「東京だな、これが」ということになる。信介が主人公である小説『青春の門』は昭和四〇年代の作品であるが、明治の終わりの頃の小説『三四郎』の主人公の三四郎と同じように、「動いている東京のイメージ」である。

このような「東京のイメージ」も時代とともに変化している。高度成長時には、東京は豊かで便利であり、また、「自由の地、解放の地」というイメージであり、田舎が貧しく、不便で、不自由であり、束縛が強いのと対照的であった。人々はこのような東京にあこがれ、東京へ東京へと大量に移動することにもなった。けれども、高度成長後には、東京のマイナス・イメージが強まってきた。排気ガスや公害で汚く、交通事故や犯罪などで危険であり、そして、孤独で寂しいという東京のイメージが形づくられた。

このような東京においても、やがて、新しいふるさとづくりが行われるようになった。それは田舎のふるさとに代わって、都市の中でのふるさとであり、大きな幸せというよりも、小さいけれども幸せな「ふるさと東京」というイメージであった。このように、東京のイメージは時代の変化に伴い、大きな変容がなされてきた。都市のイメージ、そして、「コミュニティ・イメージ」は人々の都市、「コミュニティ」とのかかわりに大きな影響を与えている。

❖「コミュニティ・イメージ」の果たす役割

「コミュニティ・イメージ」は人々の「コミュニティ」の認識において役に立っている。実際の「コミュニティ」は多様で、かつ複雑であるから、うまくとらえることが難しい。そこで、単純化してつくられたイメージによって、「コミュニティ」の認識が容易になる。それは「コミュニティ」との接触や関係づけの導入として重要な役割を果たしている。人々は「コミュニティ・イメージ」を通じて「コミュニティ」を理解するようになる。ただし、それがステレオタイプ化して、実際のものとはずれて、誤解が生じることもしばしばある。

「コミュニティ・イメージ」は、また、「コミュニティ」の評価や「コミュニティ・アイデンティティ」の形成に強くかかわっている。「コミュニティ・イメージ」と「コミュニティ評価」、そして、「コミュニティ・アイデンティティ」とがうまく結びついたときには、人々の一体感が強まるが、うまく結びつかない場合は、人々の疎外感が強まることにもなる。

そして、「コミュニティ・イメージ」は「コミュニティづくり」の要因となる。人々がどういう「コミュニティ」に住むのか、また、どのような「コミュニティ」を作り上げていくのかに関して、「コミュニティ・イメージ」は少なからぬ力をもっている。

三 「住みよいコミュニティ」のイメージ

❖「住みよいコミュニティ」の条件

現在の「コミュニティ」において犯罪、災害、育児、介護などに関して多くの問題が生み出されている。ここから、「住みよいコミュニティ」の条件として、一般に、防犯・防災などの地域の安全性、交通や買い物などの生活の便利さ、文化や教育水準の高さ、医療や福祉の充実度、自然環境のよさなどがあげられている。

これまでは、「住みよいコミュニティ」の条件として、主に、交通や買い物、また文化や教育が重視されてきた。しかし、これからは、「コミュニティ」の安全・安心のために防犯・防災のシステムが整っていること、また、相互扶助が活発になされ、人と人との温かいつながりが存在していること、そして、「コミュニティ」における文化や情報が豊かに展開していることが必要とされる。

✣これからの「住みよいコミュニティ」

最近、子供をめぐる犯罪が目立ってきており、地域で子供を守る「コミュニティ」の防犯力が必要になってきている。また、阪神・淡路大震災や東日本大震災の際に、住民の相互の避難・安否の確認、高齢者や障害者などの弱者の救護・救援、そして、物資の配給や復旧・復興の活動などにおいて住民の協力や共同行動、また、防災組織や情報ネットワークの活動が活発になされたことから、「コミュニティ」の防災力の重要性が強く認識されるようになっている。

そして、災害時だけではなく、日常時においても高齢者や障害者など社会的弱者にとってやさしい「コミュニティ」、そして、すべての人にやさしいユニバーサル・デザイン※からなる「コミュニティづくり」が目指されるべきものとなる。

これからの「住みよいコミュニティ」に必要なこととして、また、育児、介護に関して相

※ユニバーサル・デザイン
建物、施設、用具、機器、道路、交通機関などが、性別、年齢、国籍などにかかわりなく、また、障害や能力の有無にかかわらず、あらゆる人にとって、過度の負担なしに、容易に安全に、柔軟に利用できるように設計されていること。

互扶助活動が活発化しており、人々の助け合いの精神が色濃く存在していることがあげられる。つまり、「コミュニティ」の相互扶助力が必要となる。このような「コミュニティ・イメージ」は「コミュニティづくり」に大きくかかわっており、新しい「コミュニティ・イメージ」はこれからの「コミュニティづくり」に重要な役割を果たすことになるだろう。

Q&A

Q 「コミュニティ・イメージ」とは何か。それはいかなる役割を果たしているのだろうか。また「住みよいコミュニティ」といった場合、どのような内容を指しているのであろうか。

A 人々は「コミュニティ」そのものに住んでいるのではなく、「コミュニティ」に関するイメージのうちに住んでいる。都市は単にビルや住宅などの「モノ」の配置などからなる物理的環境ではなくて、それに対する人々が付与する意味の世界、イメージの世界として存在する。

このような「コミュニティ・イメージ」は「コミュニティ」の認識に役立ち、「コミュニティ」の評価や「コミュニティ・アイデンティティ」の形成にかかわっている。それはこれからの「コミュニティ」のあり方を左右するものとして大きな役割を果たしている。

「住みよいコミュニティ」としては、一般に、防犯・防災などの地域の安全性、交通や買い物などの生活の便利さ、文化や教育水準の高さ、医療や福祉の充実度、自然環境のよさなどがあげられている。

そして、これからの「コミュニティ」には、安全・安心のために防犯・防災のシステムが整っていること、育児や介護に関して相互扶助活動が活発になされていること、また、人々の温かいつながりが存在していること、そして、「コミュニティ」における文化や情報が豊かに展開していることが必要とされる。

ブック・ガイド

K・リンチ、丹下健三、富田玲子訳『都市のイメージ』〔新装版〕岩波書店、二〇〇七（原著一九六〇）。

機能主義的な都市計画論とは異なり、「都市のイメージ」を重視した都市論である。「都市のイメージ」はアイデンティティ、ストラクチュア、ミーニングの三つの分析レベルからなり、その構成要因がパス、ノード、ランドマーク、ディストリクト、エッジであることを指摘している。そして、ボストン、ジャージー・シティ、ロサンゼルスの市民へのインタビューなどを通じて、都市のイメージがどのように作り上げられているのかを明らかにしている。

小林和夫編『住みやすい町の条件』晶文社、一九九〇。

住みやすい町のあり方について、東京下町の台東区と山の手の世田谷区、それぞれにおけるコミュニティの自然、生活、文化、人間関係などについて具体的に検討し、また、あるべき姿について論じている。

森岡清志編『地域の社会学』有斐閣、二〇〇八。

地域社会とは何か、地域生活の分析、地域の歴史、地域生活の意味について検討し、子育て、高齢化など具体的問題を取り上げ、また、地域の未来について論じている。

第十一章　「コミュニティ」への関心・関与
――「コミュニティ意識」

一　「コミュニティ意識」とは

❖マッキーヴァーの「コミュニティ感情」概念

アメリカの社会学者であり、政治学者でもあるR・M・マッキーヴァー（MacIver, 1882-1970）たちによると、「コミュニティ」を「コミュニティ」たらしめている基礎は「地域性」と「コミュニティ感情」の二つである（MacIver, R.M. and C.H. Page, *Society*, Rinehart, 1949）。「地域性」とは一定の空間的な範囲を指し、「コミュニティ感情」とは人々が地域に関してもつ感情を表している。そして、「コミュニティ感情」は「われわれ感情（we-feeling）」、「役割感情（role feeling）」、「依存感情（dependency feeling）」の三つのレベルからなっている。「われわれ感情」※とは「コミュニティ」に共に参加しているという感情であり、人々の一体感、また、「コミュニティ」への帰属感という形で現れる。この「われわれ感情」は、人々の利害関心が共有されていることによってもたらされ、また、自分たちが非難されたり、脅かされたりすることから生じるようにもなる。したがって、「われわれ感情」は「コミュニティ・アタッチメント」、つまり、「コミュニティ」に対する愛着にあたるといえる。

※**われわれ感情（we-feeling）**
われわれ意識ともいう。集団成員が自分たちは同じ仲間であるという感情であり、そこから一体感や連帯感が生じるようになる。それによって、自己の集団に対する自覚が生まれるとともに、他の集団を差別するようになるおそれも存している。

次に「役割感情」とは、「コミュニティ」での自分の位置や持ち場の感情である。自分がどういう位置や役割にあるのか、そこで何をなすべきかなど、「コミュニティ」において自分が果たすべき役割についての感情、つまり、役割義務感情を指している。この「役割感情」は「コミュニティ・コミットメント」にあたり、「コミュニティ」への参加や「コミュニティ活動」に対する意欲・意志を表し、いわば役割「意識」といえるものである。

そして「依存感情」とは、他者への依存感情、つまり「コミュニティ」において他者に依存して生きている感情を表している。この「依存感情」は「コミュニティ・アイデンティティ」にあたり、他者との関係における自分、つまり、社会的自我「意識」となっている。

このような「コミュニティ・アタッチメント」、「コミュニティ・コミットメント」、「コミュニティ・アイデンティティ」から「コミュニティ感情」がつくられ、それが「コミュニティ」に住む人々の結びつきを生み出すものとなっている。

❖「コミュニティ意識」の構成要素

「コミュニティ意識」には、このような「コミュニティ感情」に加えて、「コミュニティ認識」が含まれる。「コミュニティ認識」とはコミュニティについての認識、つまり「コミュニティ・コグニション」である。したがって、「コミュニティ・コグニション」、「コミュニティ意識」を構成しているのは、「コミュニティ認識」である「コミュニティ・コグニション」、「コミュニティ感情」(とくに「われわれ感情」)である「コミュニティ・アタッチメント」、また、「役割感情」とされる役割「意識」である「コミュニティ・コミットメント」、そして、「依存感情」とされる「コミュニティ・アイデンティティ」であるといえる。このような「コミュニティ意識」が「コミュニティ」のあり方を大きく左右することになる〔11－1〕。

二 「コミュニティ意識」の形成と展開

❖「コミュニティ意識」の形成要因

「コミュニティ意識」の形成要因として、何よりもまず「コミュニティ」の物的基盤があげられる。物的基盤には居住環境、交通機関、買い物環境、文化・教育・スポーツ施設などが含まれる。これらの物的基盤が「コミュニティ意識」のベースとなっている。

しかし、この物的基盤が人々の「コミュニティ意識」をストレートに形成するわけではない。物的基盤と「コミュニティ意識」との間にはさまざまな媒介要因が存在し、物的基盤が「コミュニティ意識」にかかわることを促進したり、また、歪めたりしている。

媒介要因としては、住民の性別、年齢、職業、また、集団・組織・団体参加の有無、居住歴、移動経験、そして、メディア・情報・コミュニケーション状況、さらに、個人の性格やパーソナリティなどがあげられる。これらの媒介要因によって、物的な基盤が相対化され、また、ろ過されて「コミュニティ意識」を形づくるようになる。たとえば、居住環境があまりよくなくても、長いことそこに住んでいるからとか、主婦で婦人会活動を活発にやっているとい

コミュニティ意識	①「コミュニティ認識」
	②「コミュニティ感情」,（とくに「われわれ感情」）
	③「役割感情」とされる役割「意識」
	④「依存感情」とされる「コミュニティ・アイデンティティ」

11-1 「コミュニティ意識」の構成

うことから、高い「コミュニティ意識」が作り出されることもある。

❖「コミュニティ意識」の展開過程

物的、媒介的要因に規定されながらも、「コミュニティ意識」はまた、これらとは相対的に独立な形で、そこに独自な展開がなされている。「コミュニティ意識」の展開過程の第一段階は、村落共同体での人々の意識状況である。そこでは農業を中心とする生産の「共同性」が存在しており、それに伴って生活や意識の「共同性」も生まれることによって、内部的まとまりが強く、人々の共同意識が強固なものとなっていた。しかし、そこでは義理・人情や封建的な規制・拘束、また締め付けがあり、多くの人々にとっては不自由な世界であった。

第二段階は「共同性」が希薄な「地域社会」での人々の意識状況である。昭和三〇年代に都市化の進行によって村落共同体が崩れ、人々の「共同性」が弱まっていった。その結果、人々はその地域にただ一緒に住んでいるだけの、「共同性」を欠いた意識状況が生じた。それは近郊農村や都市郊外の人々の意識にあたっている。

第三段階は住民運動発生時の人々の意識状況である。昭和四〇〜五〇年代においては、公害などの都市問題が発生し、人々がその問題の解決や改善を求め、自分たちの権利要求を強め、住民運動を展開した。そのような都市問題の発生と住民運動の展開の時期の意識状況にあたる。

第四段階は「コミュニティづくり」の時代の人々の意識状況である。高度成長時代の物的要求にはおのずと限界があり、お互いにその配分を巡って対立し、いわゆる「地域エゴ」が発生してしまうことも少なくなかった。そのことの反省から、「モノ」中心から「ヒト」、「ココロ」へという形で関心を移行させるとともに、行政に依存するのではなく、自らの手によって「コミュニティづくり」をしようとする動きが活発化してきた。第四段階の「コミュニティ意識」は、このような場合の人々の主体的な意識のあり方を指している。

三 「コミュニティ意識」の分析枠組み

❖「奥田モデル」

「コミュニティ意識」に関して「コミュニティ・モデル」が社会学者の奥田道大（1932- ）によって提示されている（奥田道大「コミュニティ形成の論理と住民意識」磯村英一ほか編『都市形成の論理と住民』東京大学出版会、一九七一、奥田道大『都市コミュニティの理論』東京大学出版会、一九八三）。

通称「奥田モデル」といわれる「コミュニティ・モデル」はタテ軸の「行動」とヨコ軸の「意識」からなり、それぞれ「主体的―客体的」、「普遍的―特殊的」が考えられている。「主体的―客体的」とは、「行動」面で、自分から積極的に「コミュニティ」活動をするのか、あまりしないのかということである。「普遍的―特殊的」とは、「意識」面で、「コミュニティ」に関して、広く他のところのことも考えるのか、狭く自分のところだけしか考えないのかということである。［11-2］

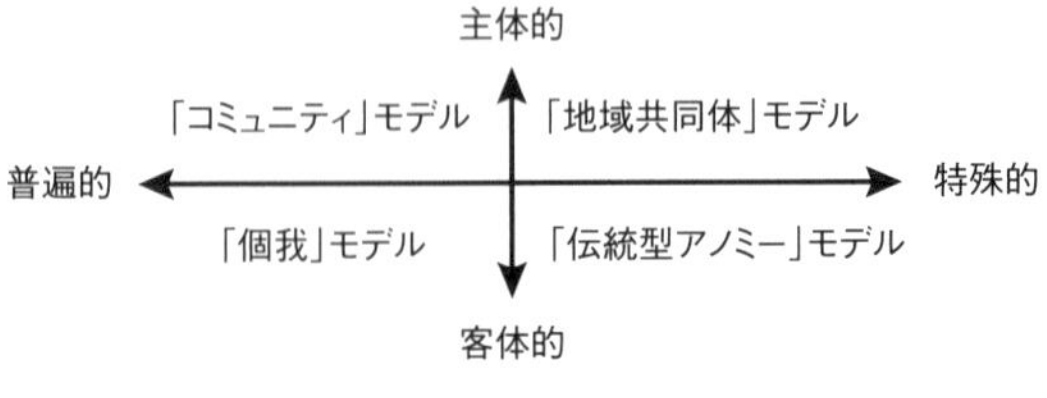

出典：奥田道大『都市コミュニティの理論』東京大学出版会，1983，28 頁より作成.

11-2 「奥田モデル」

そして、そこから四つのタイプが引き出される。「主体的―特殊的」からは伝統型住民がもつ意識である「地域共同体」モデルが生じ、「特殊的―客体的」からは地域無関心層の意識にあたる「伝統型アノミー」モデルが生まれる。

また、「客体的―普遍的」からは権利要求型の市民がもつ意識を指す「個我」モデルが生じる。「個我」とは個人的な自我であり、個人主義的性格が強いものである。最後に、「主体的―普遍的」からは自らの手で「コミュニティ形成」を行おうとする人々の意識を表す「コミュニティ」モデルが生まれる。

そして、「コミュニティ意識」の発展は時計回りに「地域共同体」→「伝統型アノミー」→「個我」→「コミュニティ」という過程を経ることになる。この「奥田モデル」は、「コミュニティ意識」の展開過程を理解するのにきわめて有効なモデルといえる。実際、多くの「コミュニティ形成」がこのような形で行われていた。

けれどもまた、このモデルは高度成長期の「モノ」中心の「コミュニティ形成」を表し、道路、公園、学校、公共施設などの物的条件の充実が「コミュニティ形成」の主な事柄となっていた。また、「奥田モデル」はそれらの物的条件の不備や不足を行政に訴え、その充実を要求する「住民運動」が念頭に置かれており、しかも、そこでは大都市また大都市郊外中心の「コミュニティ形成」がイメージされていた。

❖「コミュニティ・モラール」と「コミュニティ・ノルム」※

そこで、「モノ」から「ヒト」、「ココロ」への移行を踏まえた「コミュニティ形成」のあり方を明らかにし、非日常的な活動である住民運動から日常的な「コミュニティ形成」の状況を考察し、そして、大都市から地方都市での「コミュニティ形成」の現実について考える必要性が出てきた。

ここから、鈴木広（1931-）たちによって、「コミュニティ・モラール」と「コミュニティ・ノルム」の枠組みが提示されている。「コミュニティ・モラール」とは「コミュニティ」への人々のかかわりを表している。それは「コミュニティ」への参加意欲を意味し、「コミュニティ」への愛着や同一化を指すものとなっている（鈴木広編『コミュニティ・モラールと社会移動の研究』アカデミア出版会、一九七八）。

そして、「コミュニティ・ノルム」とは、「コミュニティ」について人々のかかわり方や考え方が「こうあるべき」とする規範意識である。これは「奥田モデル」での「主体的－客体的」の軸と同じものといえる。他方、「奥田モデル」の「普遍的－特殊的」は、「コミュニティ・ノルム」においては「平等－格差」と「開放－閉鎖」の二つに分けられている。それによって、住民運動が必ずしも生じていない、日常的な「コミュニティ」の形成を考えることができるようになる。「平等」とは他の地域のことも考慮に入れながら、自分の地域のことを考えるものであり、「格差」とは他の地域のことよりも自分の地域が第一とするものである。また、「開放」

※「コミュニティ・モラール」と「コミュニティ・ノルム」
地方都市に住む人々の日常的なコミュニティ意識の状況をとらえるために考え出された枠組みである。「コミュニティ・モラール」とは「コミュニティ」への人々のかかわりを表し、「コミュニティ・ノルム」とは「コミュニティ」に関する人々のあるべき規範意識を意味している。

とは日本全体のことを考えるものであり、「閉鎖」とは何よりも地元が大切とするものである。

このような「コミュニティ・モラール」と「コミュニティ・ノルム」の軸からなる枠組みにおいて、地方都市の人々の日常的な「コミュニティ意識」が考えられることになる。そして、「コミュニティ・モラール」が高く、「コミュニティ・ノルム」が「主体」・「平準」・「開放」となっていることが、望ましい「コミュニティ意識」ということになる。

九州の地方都市である人吉市と大野城市[※]の市民を対象に、昭和五〇（一九七五）年に行われた調査結果によると、郊外住宅地では「コミュニティ・モラール」がやや高く、「コミュニティ・ノルム」の「主体」がやや高く、「平準」が高く、「開放」がやや高かった。また、中心商店街では「コミュニティ・モラール」がやや高く、「コミュニティ・ノルム」の「主体」は高いが、「平準」と「開放」は低かった。新興住宅地では「コミュニティ・モラール」が高く、「コミュニティ・ノルム」の「主体」も高いが、「平準」と「開放」は低くなっている。そして、周辺スプロール地帯では「コミュニティ・モラール」が低く、「コミュニティ・ノルム」の「主体」も低いが、「平準」はやや高く、「開放」は高くなっている。［11‐3］

	コミュニティ・モラール	コミュニティ・ノルム		
		「主体」	「平準」	「開放」
① 郊外住宅地	やや高	やや高	高	やや高
② 中心商店街	やや高	高	低	低
③ 新興住宅地	高	高	低	低
④ 周辺スプロール地帯	低	低	やや高	高

出典：鈴木広編『コミュニティ・モラールと社会移動の研究』，アカデミア出版会，1978，443頁，457頁より作成.

11-3 「コミュニティ・モラール」と「コミュニティ・ノルム」（九州の地方都市：1975）

※人吉市、大野城市
人吉市は熊本県南部の人吉盆地の中に位置し、小京都と呼ばれる人吉藩相良氏の城下町である。昭和一七（一九四二）年に市制が施行され、人吉・球磨地方の中心地となっている。大野城市は福岡県の中央部に位置し、昭和四七（一九七二）年に市制が施行され、現在は、福岡市のベッドタウンとなっている。

「コミュニティ・モラール」が比較的高く、「コミュニティ・ノルム」の「主体」・「平準」・「開放」も比較的高い郊外住宅地が模範的な「コミュニティ意識」に近い状況となっている。これに対して、中心商店街と新興住宅地では「コミュニティ・モラール」と「コミュニティ・ノルム」の「主体」は比較的高いが、「コミュニティ・ノルム」の「平準」と「開放」が低くなっており、「地域エゴ」ともいえる状況ともなっている。

ここにおいて、「地域エゴ」には、中心商店街の伝統的な「地域エゴ」と新興住宅地の現代的な「地域エゴ」の二種類があることになる。現代的な「地域エゴ」は必ずしも伝統的な「コミュニティ意識」と同じものではなく、人々の「コミュニティ」とのかかわりや「住みよいコミュニティ」の条件から生み出されてきたものである。ただし、他の「コミュニティ」とのかかわりをどう考えるかが問題となる。

他方、周辺スプロール地帯では「コミュニティ・モラール」が低く、「コミュニティ・ノルム」の「主体」も低いが、「平準」と「開放」は比較的高くなっており、コスモポリタン的である。しかし、スプロール地帯は人々の定着性が低く、住民は「根無し草」的存在であるので、「コミュニティ」との関連が薄くなっている。このようなスプロール地帯では「コミュニティ」への「コミットメント」をどう生み出していくのかが課題となる。

❖「コミュニティ意識」の新たな分析枠組み

「コミュニティ意識」の新たな分析枠組みとして、「認識」レベルでは「コミュニティ・コグニション」、つまり、「コミュニティ認識」があり、それには「格差−平準」と「開放−閉鎖」の軸が考えられる。次に、「感情」レベルでは「コミュニティ・アタッチメント」、つまり「コミュニティ帰属感」があり、具体的には「われわれ感情」、一体感、郷土愛が含まれる。

また、「行為」レベルでは「コミュニティ・コミットメント」、つまり、役割「意識」があり、それには行事参加、役職就任、地域貢献が考えられる。そして、「アイデンティティ」レベルでは「コミュニティ・アイデンティティ」、つまり、コミュニティにおける自他の関係「意識」がある。これはマッキーヴァーのいう「依存感情」にあたり、自他の関係における社会的自我「意識」であるといえる［11−4］。

ここから、「認識」レベルからは「地域エゴ」について再考がなされ、「感情」レベルからは「コミュニティ文化」の形成が考えられ、また「行為」レベルからは「コミュニティ活動」のあり方が検討されることになる。そして、「アイデンティティ」レベルからは「コミュニティ・アイデンティティ」の問題が取り扱われるようになる。

①「認識」レベル＝「コミュニティ・コグニション」(＝「コミュニティ認識」) 「格差−平準」と「開放−閉鎖」
②「感情」レベル＝「コミュニティ・アタッチメント」(＝「コミュニティ帰属感」) 「われわれ感情」, 一体感, 郷土愛
③「行為」レベル＝「コミュニティ・コミットメント」(＝役割「意識」) 行事参加, 役職就任, 地域貢献
④「アイデンティティ」レベル＝「コミュニティ・アイデンティティ」 (＝「コミュニティ」における自他の関係「意識」) 「依存感情」(マッキーヴァー), 自他の関係における社会的自我「意識」

11-4 「コミュニティ意識」の新たな分析枠組み

Q&A

Q 「コミュニティ意識」の形成要因は何か。また、「コミュニティ意識」の分析枠組みとして、どのようなものがあるのだろうか。

A 「コミュニティ意識」の形成要因として、「コミュニティ」の居住環境、交通機関、買い物環境、文化・教育・スポーツ施設などの物的基盤、および性別、年齢、集団・組織・団体参加の有無、居住歴、移動経験、メディア・情報・コミュニケーション状況、個人の性格・パーソナリティなどの媒介要因がある。しかし、「コミュニティ意識」はこれらとは相対的に独立な形で独自な展開がなされている。

「コミュニティ意識」の分析枠組みとして、「奥田モデル」は「主体的—客体的」の「行動」の軸と「普遍的—特殊的」の「意識」の軸からなり、そこから「地域共同体」、「伝統型アノミー」、「個我」、「コミュニティ」の四つのタイプの発展過程が考えられている。

「奥田モデル」は、主として、大都市、あるいは大都市郊外中心の「モノ」をめぐる住民運動による「コミュニティ形成」が念頭に置かれていたのに対して、地方都市の「ヒト」や「ココロ」を重視する日常的な「コミュニティづくり」を明らかにしようとするのが、「コミュニティ・モラール」と「コミュニティ・ノルム」の枠組みである。この枠組みは、人々のかかわり方である「コミュニティ・モラール」が高く、人々の規範意識である「コミュニティ・ノルム」が主体・平準・開放であることが望ましい「コミュニティ意識」であることになる。

ブック・ガイド

磯村英一、鵜飼信成、川野重任編『都市形成の論理と住民』東京大学出版会、一九七一。

東京都八王子市の社会構造、社会変容、産業構造、経済発展、政治変容、住民意識、市民運動などについて調査し、それを社会学、政治学、経済学などの立場から分析した総合的な研究報告である。

鈴木広編『コミュニティ・モラールと社会移動の研究』アカデミア出版会、一九七八。

地方都市の「ヒト」や「ココロ」を重視する日常的な「コミュニティづくり」を明らかにするために、「コミュニティ・モラール」と「コミュニティ・ノルム」の枠組みから、熊本県人吉市と福岡県大野城市の住民に対する調査研究を行い、郊外住宅地、中心商店街、新興住宅地、周辺スプロール地帯の人々のもつ「コミュニティ意識」の状況を明らかにしている。

奥田道大『都市コミュニティの理論』東京大学出版会、一九八三。

都市コミュニティの理論と経験的データを収録した論文集である。とりわけ、郊外化から成熟期において、大都市中心地の市街地居住を問題とし、郊外地型と中心地型を結ぶ複合類型を提示している。

第十二章　「都市の祭り」の復活――「コミュニティ文化」

一　「都市の祭り」

❖「コミュニタス」

最近、都市の祭りが流行している。町内会や商工会などが祭りを復活させたり、また団地などにおいて祭りが新しく作り出されている。祭りは「ヒト」や「ココロ」に基づく「コミュニティづくり」を行い、住民の一体化や「コミュニティ」の活性化をもたらすようになる。

一般に、祭りは感情的な興奮が盛り上がる非日常な出来事であり、通常とは異なる世界を生み出すものとなっている。祭りにおいて、ふだんは押さえられていることが解放されたり、日常の地位や役割の転倒や逆転が行われたりする。

そこには、「コミュニタス（communitas）」が出現するようになる。「コミュニタス」とは、V・W・ターナー※（Turner, 1920-83）によると、地位、身分、階層からなる「構造」に対する「反構造」にあたる。それは自発性、自由、平等からなる世界であり、そこから、新しいものが生み出されてくるようになる（ターナー、富倉光雄訳『儀礼の過程』思索社、一九七六〔原著一九六九〕）。祭りは人々の一体化と活性化をもたらし、何か新しいものを創出する行為である。都市の祭りもこのことがあてはまる。

※ターナー（Victor W. Turner）（一九二〇－八三）
スコットランド生まれのアメリカの文化人類学者、象徴人類学者。アフリカ社会の象徴や儀礼の研究を行い、そこから「コミュニタス」の概念を生み出している。主な著書に『儀礼の過程』（一九六九）、『象徴と社会』（一九七四）などがある。

❖「都市の祭り」

都市の祭りの特質は、第一に夏祭りであることである。民俗学者の柳田国男※（1875-1962）や文化人類学者の米山俊直（1930-2006）によると、春秋の祭りは農村で行われ、都市の祭りは夏祭りである（柳田国男『日本の祭』角川ソフィア文庫、二〇一三、米山俊直『都市と祭りの人類学』河出書房新社、一九八六）。農村における春秋の祭りは稲作の初めと終わりに豊作を願い、収穫を祝う祭りであるが、都市の祭りは夏の災害や病気を免れることを祈願するものとされている。

第二に、都市の祭りは神が不在の「神なき祭り」である。都市は信仰の異なる人々の集まりであるから、何を神とするのか容易に一致しない。それゆえ、都市の祭りは神が不在の「神なき祭り」である。もちろん、神が存在する祭りも多く行われている。

第三に、見物人・観客がいる祭りである。柳田によると、祭りには見物人のいる祭礼と見物人のいない祭りとがある（柳田国男、前出、二〇一三）。都市の祭りは見物人のいる祭礼であり、見物人や観客によって見られる祭りとなっている。

※柳田国男
（一八七五－一九六二）
日本の代表的民俗学者。文献中心主義を批判し、日本各地のフィールドワークを通じて、人々（「常民」）の生活、文化、宗教、民話などを明らかにしている。『遠野物語』（一九一〇）、『明治大正史世相篇』（一九三一）、『木綿以前の事』（一九三九）、『日本の祭』（一九四二）が有名である。

『日本の祭』

二「コミュニティ文化」

✣「コミュニティ文化」

祭りは非日常的な事柄として、「ハレ※」の出来事にあたる。「ハレ」とは、「晴れ着」や「晴れの場」というように、改まった状況を指している。それは普段の日常生活である「ケ※」と対比される。「ハレ」においては、非日常的な「コミュニティ文化」が生まれ、「ケ」においては、日常的な「コミュニティ文化」が存在している。

「コミュニティ文化」とは、「コミュニティ」の住民に共有される、人々の生き方・考え方・行為の仕方（ウェイ・オブ・ライフ〔way of life〕）を表している。それは、ある程度パターン化されており、また、人々の行為を規定し、拘束するものとなっている。「コミュニティ文化」は「ハレ」の事柄としても、また「ケ」の事柄としても存在している。

「コミュニティ文化」は信念、思想、知識、宗教、道徳、慣習・慣行・社会規範、法、また、芸術、文学、演劇、イベント、ファッション、建築様式などに表されている。そして、「コミュニティ文化」は世代を通じて継承される。

✣「コミュニティ・ウェイ・オブ・ライフ」

社会学者のL・ワース（Wirth, 1897-1952）のいう「アーバニズム（urbanism）」とは「アー

※「ハレ」と「ケ」
「ハレ」は非日常的な祭礼や儀式を指し、宗教的な聖性と結びついており、「ケ」は日常的な生活を意味し、非宗教的な俗性が特徴となっている。

バン・ウェイ・オブ・ライフ」、つまり、「都市的生活様式」のことである（ワース、高橋勇悦訳「生活様式としてのアーバニズム」鈴木広編訳『都市化の社会学』誠信書房、一九六五〔原論文一九三八〕）。

「ウェイ・オブ・ライフ」、つまり、「生活様式」は「文化」を表すものであるから、「アーバン・ウェイ・オブ・ライフ」は「都市の文化」を表すことになる。そして、「コミュニティ・ウェイ・オブ・ライフ」、つまり、「コミュニティ生活様式」は「コミュニティ文化」を意味するものとなる。

ワースによると、都市においては一次的関係が衰退し、家族、親戚、また近隣集団が消滅し、社会的連帯の伝統的基盤が浸食されている。それによって社会解体と人間疎外が生み出され、人々は孤独で、互いに無関心になっている。したがって、都市には「コミュニティ文化」など存在しないことになる。

❖「コミュニティ文化」の存在

しかし、「コミュニティ文化」は現実的に存在している。都市においても「コミュニティ文化」が維持され、再生され、また、新しく生み出されてきている〔12－1〕。最近の都市の祭りの流行が何よりの証拠である。

七夕祭りは宮城県仙台市や神奈川県平塚市の七夕、そして、愛知県安城市の七夕も有名であるし、東京都台東区浅草の三社祭や千代田区神田の神田祭、京都市の祇園祭や大阪市の天

① 都市の祭りの流行 祭り＝非日常型の「コミュニティ文化」
② 日常型の「コミュニティ文化」の存在
③「コミュニティ文化」の再生・新生

12-1 「コミュニティ文化」の存在

神祭など、各地で祭りが盛んに行われている。新しく作り出された祭りとして、各地の団地の祭りがあり、また、イベントやフェスティバル、あるいはカーニバルなども多く行われてきている。

このような都市の祭りは、いわば非日常型の「コミュニティ文化」であるが、他方において、都市には日常型の「コミュニティ文化」も存在している。日常型の「コミュニティ文化」はこれまでの伝統や慣習、また行事や文化財の維持、復活、また新生としてなされている。古都奈良の新しい観光スポットである奈良市奈良町は、「町並み保全・再生」を目指し、古い町並みの中に景観と調和したまちづくりがなされている。そこでは古い家を改築してレストランやカフェがつくられ、人々の語らいの場となっている（田村明『まちづくりの実践』岩波新書、一九九九）。

このように、「コミュニティ文化」の再生や新生が、こんにち、多くなされてきている。「コミュニティ文化」の再生や新生は「まちおこし」につながり、さらに、「コミュニティ文化」による「コミュニティづくり」がなされるようになってきている。

❖「コミュニティ文化」の内容

こんにち、人々は「コミュニティ文化」に関する情報を強く欲している。けれども、実際には文化情報との接触はそれほど多くなく、文化情報の要求と実際の接触との間にずれが存在している。昭和六三（一九八八）年の一関市[※]の市民に対する調査において、文化・歴史に

※一関市
岩手県最南端に位置する県内第二の都市。昭和二三年（一九四八）年に市制を施行し、平成一七（二〇〇五）年には七市町村と合併して、現在の一関市となる。中東北の中核都市であり、世界遺産平泉の玄関口となっている。平成二五（二〇一三）年八月の人口は一二万六、〇〇〇人である。

関する情報要求は八位にランクされているが、実際の接触では一六位と低い。そして、平成一七（二〇〇五）年では、文化・歴史に関する情報要求が五位と高くなっているのに対して、その情報接触はなお一〇位にとどまっている［12-2］。

「コミュニティ文化」の内容には「コミュニティ芸術文化」、「コミュニティ生活文化」、「コミュニティ余暇文化」などがある。「コミュニティ芸術文化」とは文化財や年中行事などを指し、「コミュニティ生活文化」とは日常生活の生活様式を意味している。そして、「コミュニティ余暇文化」とは娯楽・スポーツなどの文化のことである。

「コミュニティ文化」というと、これまでは「コミュニティ芸術文化」のみを指していることが多かったが、これからは「コミュニティ生活文化」や「コミュニティ余暇文化」も含めて拡充していくことが必要となろう。

12-2　情報要求と情報接触の順位　一関市民（複数回答）

昭和63年		平成17年	
情報要求	情報接触	情報要求	情報接触
①医療	①災害	①身近な出来事	①身近な出来事
②とくにない	②医療	②行政	②行政
③行政	③天気・気象	③福祉	③行事・催物
④福祉	④教育	③行事・催物	④天気・気象
⑤教育	⑤福祉	⑤医療	⑤政治
⑥農業・工業・商業	⑥買い物	⑤文化・歴史	⑥災害
⑦観光	⑦農業・工業・商業	⑦災害	⑦医療
⑧文化・歴史	⑧身近な出来事	⑧自然環境	⑦スポーツ・レジャー
⑧スポーツ・レジャー	⑨行政	⑧観光	⑨福祉
⑩行事・催物	⑩行事・催物	⑩教育	⑩文化・歴史
⑪政治	⑪自然環境	⑪政治	⑪自然環境
⑫身近な出来事	⑫観光	⑪天気・気象	⑫教育
⑬自然環境	⑫スポーツ・レジャー	⑬スポーツ・レジャー	⑫観光
⑭買い物	⑭政治	⑭買い物	⑭農業・工業・商業
⑮交通・通信	⑮交通・通信	⑮農業・工業・商業	⑮交通・通信
⑯災害	⑯文化・歴史	⑯交通・通信	⑯買い物
⑰天気・気象	⑰その他	⑰とくにない	⑰その他
⑱その他	⑰とくにない	⑱その他	⑰とくにない

出典：船津衛ほか「東北地方における地域情報化と地域メディアの課題」『東北大学日本文化研究所研究報告』別巻26，1989，船津衛『コミュニティ・メディアとしてのCATVの現状と課題』（放送大学特別研究報告書），2006より作成

三　「コミュニティ文化」の問題点

❖「コミュニティ文化」の現在の問題点

このような「コミュニティ文化」の現在の問題点として、第一に、「コミュニティ文化」の担い手（とくに若者）の不在があげられる。また、その担い手が固定化していることも見逃せない。つまり、商店会や町内会などの既存組織がなお中心となっており、代わり映えがあまりしないといわれる。そして、行政主導の「コミュニティ文化」づくりがなされ、多くの場合、住民不在となっていることも少なくない［12-3］。

第二の問題として、「コミュニティ文化」はその担い手と見物人とが分離していることがあげられる。たしかに、柳田がいうように、「祭礼」は見物人から見られるものである。また、社会学者の井上俊（1938-）が指摘するように、「都市の文化」は「見る文化」であり、また「見られる文化」である（井上俊編『地域文化の社会学』世界思想社、一九八四）。

そして、アメリカの社会学者のE・ゴッフマン（Goffman, 1922-82）によると、「都市の文化」は「外見文化」である（ゴッフマン、石黒毅訳『行為と演技』誠信書房、一九七四〔原著一九五六〕）。「外見」は見せるためのものであるから、「都市の文化」は一般に自分の「外見」を見せることが意図されており、都市の広場やデパート・商店街はそのための舞台となっている。

① 担い手の不在, 担い手の固定化,住民不在
② 担い手と見物人の分離
③ 内容の画一化, 古いものの維持や狭い芸術文化への偏り

12-3　「コミュニティ文化」の問題点

このように、「都市の文化」においては、多くの場合、その担い手と見物人・観客とが分離されている。そして、多くの人々が単なる見物人として客体化されており、「都市の文化」から疎外されてしまっている。

第三の問題として、「コミュニティ文化」の内容が全国画一化していることがあげられる。どこの「コミュニティ」に行っても、同じような文化が作り出され、また、その内容が単に古いものの維持や復活だったり、狭い芸術文化に偏ったものとなってしまっている。そこでは「コミュニティ」に密着した生活文化が必ずしも存在していないのである。

四　これからの「コミュニティ文化」のあり方

❖新しい「コミュニティ文化」の形成―「札幌よさこいソーラン祭り」

さまざまな問題点が指摘される「コミュニティ文化」に対して、これからの「コミュニティ文化」のあり方を考えるヒントとなるのが「札幌よさこいソーラン祭り」である。「札幌よさこいソーラン祭り」は、「よさこい音頭」と「ソーラン節」をミックスさせ、高知の祭りと北海道の祭りを結びつけたものである。そして、そのことによって新しい「コミュニティ文化」の形成が目指されている。

「札幌よさこいソーラン祭り」は、若者中心の祭りではあるが、同時に、主婦の参加も多くなされており、また、見物人も参加する「参加者主体」の祭りとなっている。しかも、祭りへの参加者の過半数が外部の市町村民であるという開放性を有している。そして、住民のボランティアによる運営という地域密着型の祭りとなっている（坪井善明、長谷川岳『YOSAKOIソーラン祭り』岩波書店、二〇〇二）。

❖これからの「コミュニティ文化」のあり方

これからの「コミュニティ文化」のあり方として、まず第一に、「コミュニティ文化」の担い手は住民が主体であり、また、若者が中心となるべきことはいうまでもない。しかし、若者だけではなく、子育てを終えた主婦や子育て最中の若い母親も積極的に加われるようにすることが必要である〔12－4〕。

そして、今後は、高齢者の存在とその役割が無視できないものとなる。団塊世代の高齢化によって、高齢者が地域活動にかかわるようになってきている。多くの高齢者において、これまでは「カイシャ（会社）人間」として、生産中心、能率主義、あるいは「モノ」の豊かさやスピード重視の生き方であった。けれども、これからはそれから転換して生活中心の非能率、スロー、そして「ココロ」の豊かさを重視する「コミュニティ文化」を新しく生み出していくことが期待されるようになる。そして、「コミュニティ文化」の担い手がひとつの「コミュニティ」の住民に狭く限定されることなく、他の「コミュニティ」への広がりをもつことが必要となる。

第二に、「コミュニティ文化」への参加者として、見物人・観客を含めるようにして、

① 担い手は住民主体，若者主体となり，また主婦や高齢者の参加も必要である．
② 観客を単なる傍観者から共同行為者にする． ➡ 共通の「コミュニティ・アイデンティティ」の形成
③ 地域独自の個性的なものとするために，「芸術文化」に加え，「生活文化」，「余暇文化」にも拡大する．
④ 「コミュニティ文化」による「コミュニティづくり」を目指す．

12-4　これからの「コミュニティ文化」のあり方

見物人・観客を単なる傍観者から共同行為者にする必要がある。そこに人々の間にふれあいや一体化が生じ、そこから、共通の「コミュニティ・アイデンティティ」の形成がなされることになる。

第三に、「コミュニティ文化」の内容を全国画一的なものではなく、地域独自の個性的なものとする必要がある。そのためにも、単に芸術文化だけではなく、日常生活の生活文化や娯楽・スポーツなどの余暇文化も含めるようにすべきである。

そして、祭りやイベントなどの非日常型の「コミュニティ文化」だけではなく、日常型の「コミュニティ文化」の形成にもっと力を入れる必要がある。祭りやイベントは日常の世界とは異なる「コミュニタス」の世界を出現させ、それを通じて新しいものの創造を行わせるものであるから、非日常型の「コミュニティ文化」によって、日常型の「コミュニティ文化」の活性化や変容がもたらされることになる。

日常型「コミュニティ文化」としての芸術文化、生活文化、余暇文化が、祭りやイベントなどの非日常型「コミュニティ文化」とうまく結びつくことによって、「コミュニティ文化」全体の一層の活性化が可能となる。そしてまた、「コミュニティ文化」が個性化することから、複数の「コミュニティ文化」が生み出されることによって、その間で積極的な文化交流がなされ、そこから、新しい文化が生み出されてくるようになる。このようなことを通じて、「コミュニティ文化」による「コミュニティづくり」が目指されることになる。

Q&A

Q

「コミュニティ文化」とは何か。それはどのようなものであり、その問題点は何であるのか。そして、これからの「コミュニティ文化」のあり方はどのようにすべきであろうか。

A

「コミュニティ文化」とは「コミュニティ」の住民に共有される、人々の生き方・考え方・行為の仕方を表している。「コミュニティ文化」には、祭りのような非日常型のものとふだんの生活においてなされる日常型のものが存在している。日常型のものには「コミュニティ芸術文化」、「コミュニティ生活文化」、「コミュニティ余暇文化」などがある。

「コミュニティ文化」の現在の問題点は、担い手（とくに若者）が不在であり、担い手が固定化していること、また、担い手と見物人とが分離していること、そして、その内容が全国画一化し、しかも、古いものの維持や狭い芸術文化に偏っていることなどがあげられる。

ここから、これからの「コミュニティ文化」は若者、主婦、高齢者が主体となり、また、観客を単なる傍観者から共同行為者に変え、内容も地域独自の個性的なものとする必要がある。そのためにも、「コミュニティ文化」は単に芸術文化だけではなく、生活文化や余暇文化も含めるようにし、さらに、祭りやイベントなどの非日常型の「コミュニティ文化」だけではなくて、日常型の「コミュニティ文化」の形成にもっと力を入れる必要がある。

ブック・ガイド

米山俊直『都市と祭りの人類学』河出書房新社、一九八六。

都市生活や都市文化のあり方について、都市人類学の観点から考察し、盛り場、娯楽、祭り、また、京都祇園祭を具体的に取り上げ、その意義と役割について論じている。

柳田国男『日本の祭』角川ソフィア文庫、二〇一三。

日本の伝統的な信仰生活について、「祭り」、「祭礼」、「祭場」、「物忌み」、「精進」、「供物」、「参詣」、「参拝」などを民俗学の立場から具体的に解明している。

井上俊編『新版 現代文化を学ぶ人のために』世界思想社、一九九八。

現代文化を都市文化、消費文化、情報文化としてとらえ、それぞれの文化のあり方について検討するとともに、映画、音楽、文学、旅行、スポーツ、医療などの文化についても考察がなされている。

第十三章　身近な情報・地域の情報の提供
―「コミュニティ・メディア」

一　「コミュニティ・メディア」と「コミュニティ情報」

❖「コミュニティ・メディア」とは

「コミュニティ・メディア」とは、身近な情報や地域の情報などの「コミュニティ情報」を提供するメディアを指している。具体的には地方紙、地域紙、地域情報誌、フリーペーパー(無料配布の生活情報誌)、折り込み広告、チラシ広告、自治体広報などの印刷メディア、また、地方ローカル局、「CATV[※]」、「コミュニティFM放送[※]」、同報無線などの放送メディア、そして、インターネットなどのデジタル・メディアが存在している[13-1]。

これらのメディアが提供する「コミュニティ情報」とは、コミュニティに密着した地域の情報、身近な情報を指している。それは「コミュニティ」の抱える問題を明確に把握し、人々のニーズに応える情報であり、「コミュニティ」という観点から意味づけ、解釈し、再構成し、また新たに創造した情報である。具体的には、身近な出来事、地域の産業、地域の行政、地域の災害などに関する基礎的情報があり、また、地域の医療、地域の福祉、地域の文化、地域の教育などに関する派生的情報があげられる。

※CATV
ケーブル・テレビ、つまり、有線テレビのことである。わが国では、もともとは地形上の難視聴やビルなどによる難視聴、また、新幹線や電力線などによる難視聴に対する対策として、昭和三〇(一九五五)年にスタートしている。その後、空きチャンネルを利用した自主放送によって地域情報を提供するテレビとして発展してきている。

「コミュニティ・メディア」	「コミュニティ情報」
【印刷メディア】 地方紙, 地域紙, 地域情報誌, フリーペーパー, 折り込み広告, チラシ広告, 自治体広報など 【放送メディア】 地方ローカル局, 「CATV」, 「コミュニティFM放送」, 同報無線など 【デジタル・メディア】 インターネットなど	【基礎的情報】 身近な出来事, 地域の産業, 地域の行政, 地域の災害などに 関する情報 【派生的情報】 地域の医療, 地域の福祉, 地域の文化, 地域の教育などに 関する情報

13-1 「コミュニティ・メディア」と「コミュニティ情報」

❖「地域情報誌」

「コミュニティ・メディア」のひとつに「地域情報誌」がある。「地域情報誌」は、かつては地域文芸誌や郷土誌と呼ばれていたが、昭和五〇（一九七五）年頃から、「ミニコミ誌」といわれるようになった。そして、昭和五五（一九八〇）年頃には、地方都市の「タウン誌」となり、昭和六〇（一九八五）年頃以降は、イベント情報主体の「地域情報誌」となってきている。ネーミングの変更とともに、内容も少しずつ変化してきているが、身近な生活情報を提供することには変わりがない。

「地域情報誌」の発刊動機としては、かつては「地域文化の育成」が多かったが、最近では「身近な情報の提供」が大幅に増えており、また、編集のポイントとしても、「地域文化の育成」に代わって「身近な生活情報」が増加してきている。

※コミュニティFM放送
地域に密着した情報を提供するコミュニティ・ラジオのことである。平成四（一九九二）年に、地域住民にとって必要な情報を提供するものとしてスタートしており、とりわけ災害時には、きめ細かな情報を提供するメディアとして重要な役割を果たしている。

❖「コミュニティFM放送」

「コミュニティ・メディア」として「コミュニティFM放送」がある。「コミュニティFM放送」は行政情報、文化情報、教育情報、医療情報、福祉情報、ショッピング情報などを提供し、また、災害時における情報の収集・伝達を行っている。

新潟県長岡市にある「FMながおか」では天気予報、ニュース、交通、市からのお知らせ、お悔やみ、円相場、格言、運勢、音楽、文化・歴史、政治・行政、教育などが放送されている。岡山県倉敷市にある「FMくらしき」では地域の生活、天気予報、ニュース、道路・交通、スポーツ、産直、音楽、美術館、経済、宗教、行政の情報が提供され、また、高校生がつくる高校生のための番組が放送されている。

平成一八（二〇〇六）年に行った全国の「コミュニティFM放送」の事業者に対する調査によると、「コミュニティFM放送」が地域社会との関連で重視していることは「身近な情報の提供」が圧倒的に多くなっている［13-2］。

❖「CATV」

こんにち、「CATV」が重要な「コミュニティ・メディア」として注目を集めてきている。「CATV」は、基本的には再送信業務を主な仕事とし、マス・メディアの補完としての機能を果たしてきている。しかしまた、チャンネル数が三〇～五〇と

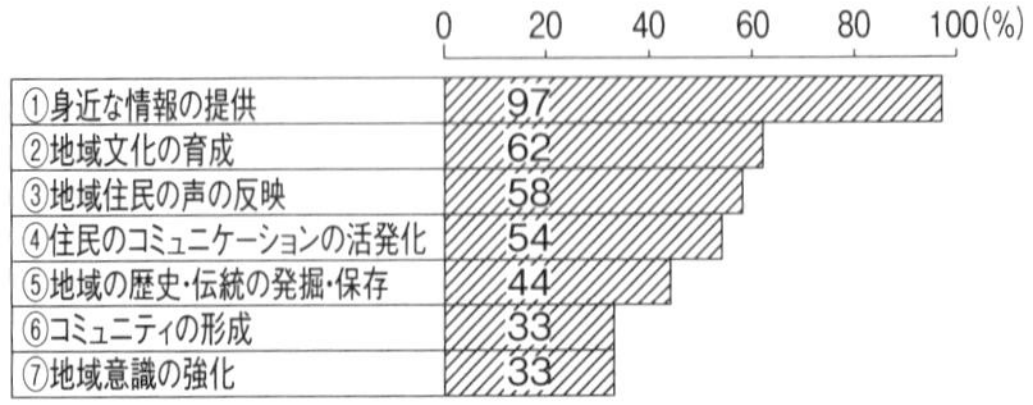

出典：船津衛『コミュニティ・メディアとしてのコミュニティFM放送の現状と課題』（放送大学特別研究報告書），2006より作成

13-2 「コミュニティFM放送」と地域社会との関連（2006）

多くあったことから、空きチャンネルを利用して、行政情報や生活情報などを提供する自主放送が行われるようになっている。

わが国において「CATV」の自主放送は、昭和三八（一九六三）年に岐阜県郡上八幡町（現・郡上市）において開始され、地域住民が自らの手で地域の情報が放送されるようになった。それは自分たちのテレビ、「コミュニティ・テレビ」として、地域住民の参加が可能とされるものであった。

現在、「CATV」は身近な情報、災害情報、福祉情報、医療情報などの地域情報を提供する「コミュニティ・メディア」として展開されている。そして、住民の番組参加や企画・制作などによって、地域住民のコミュニケーションを活発化し、また、地域からの情報発信を行い、地域社会を活性化し、地域文化の育成を推進するようになってきている。

全国の「CATV」の事業者に対して、平成一六（二〇〇四）年に行った調査によると、地域とのつながりを重視する「CATV」施設がきわめて多く、その内容として、「身近な情報の提供」が圧倒的に多くあげられている［13－3］。

❖「コミュニティ・チャンネル」

最近の「CATV」においては、地域情報の提供に力を入れているところが増えてきており、それは「コミュニティ・チャンネル」の設置という形で実行されている。

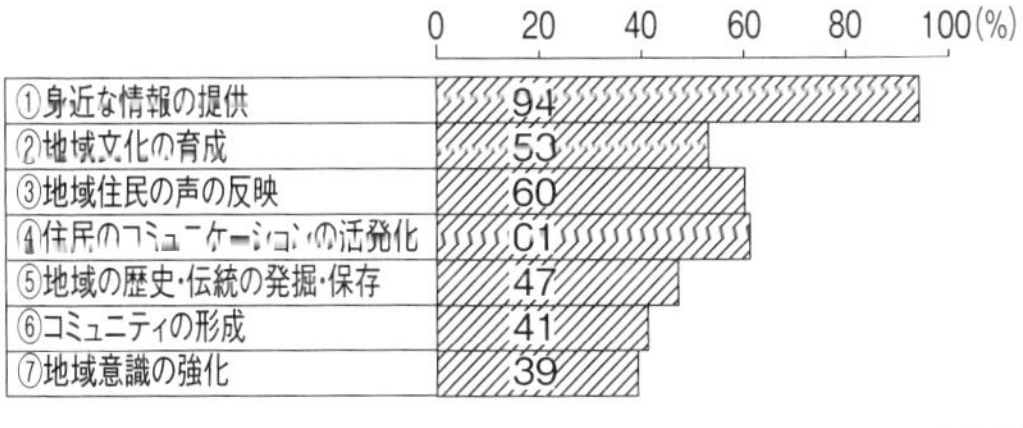

出典：船津衛ほか『CATVの現状と将来像に関する調査2004』（東洋大学21世紀ヒューマン・インターラクション・リサーチ・センター報告書），2005より作成

13-3 「CATV」と地域社会との関連（2004）

「コミュニティ・チャンネル」とは「コミュニティ」のために必要な情報を主に提供するチャンネルのことである。

「コミュニティ・チャンネル」では、地域の催し物や出来事、演劇、スポーツ、講演会の案内、幼稚園・保育所・小中学校の様子、美術館や博物館の紹介、お祭り、花火大会、マラソン・水泳・カラオケ大会、交通情報、買物情報、広報、市議会中継、災害情報などが提供されている。

福岡県唐津市にある「唐津ケーブルテレビジョン」は「地域アイデンティティとしてのコミュニティ・メディア」と自己規定し、市民の市民による市民のための放送を目指している。そして、お祭りの中継や学校行事の中継を行い、地域の若者によるテレビ・ジョッキーがなされ、また、「サイレンがなったら12チャンネル」というように、緊急火災放送が実施されている。「唐津ケーブルテレビジョン」は、現在、「ぴーぷる放送」の名称で市民に親しまれ、市民のテレビとしての位置を獲得してきている。

倉敷市にある「倉敷ケーブルテレビ」は地域情報、行政、政治、お祭り、映画情報などを放送し、また、住職による法話、学校・教育、趣味の情報などを提供している。岩手県一関市にある「一関ケーブルネットワーク」は「地域密着型コミュニティ・テレビ」をモットーに、行事、生活、商店、映画、新刊書、料理、産業、福祉、教育、文化、スポーツ、また、市政だより、市議会中継、選挙速報、夏祭りや藤原祭りなどの情報、そして災害情報の提供に力を入れている。

二　災害情報メディアとしての「コミュニティ・メディア」

❖災害情報メディア

こんにち、「コミュニティFM放送」や「CATV」が災害情報を提供する「コミュニティ・メディア」として大きな役割を果たしている。阪神・淡路大震災や東日本大震災において、テレビ、新聞などのマス・メディアや防災無線、広報車などの公的チャンネル、またケータイ、メールなどが機能障害に陥り、情報の伝達が不可能となったときに、「コミュニティ・メディア」が人々の安否情報や生活情報、また、復旧情報を多く提供し、被災者や関係者から高い評価を受けている。

マス・メディアは、その広域性のゆえに、きめ細かさに欠け、地域の実情に見合った具体的内容を備えておらず、また、個別情報に乏しく、適切性を有しない場合も少なくない。そして、その情報内容も被災地を遠望する情報が多く、外向けの被害状況の報道に力点が置かれ、地域の人々の必要とする内向けの情報があまり提供されていない。

これに対して、「コミュニティ・メディア」は、新聞やテレビが伝えない地元のニュースや地域の実情に合った具体的な情報をきめ細かく提供し、被災者が必要とする安否情報、炊き出しや給水、また、電気・ガス・水道などのライフ・ラインの復旧などの情報を多く提供している。

❖災害情報メディアとしての「コミュニティFM放送」

「コミュニティFM放送」は、こんにち、重要な災害情報メディアの役割を担ってきている。全国の「コミュニティFM放送」事業者に対する調査によると、設立理由として、平成一〇（一九九八）年には、「災害情報の提供」が最も多くあげられ、平成一八（二〇〇六）年には、「地域情報の提供」、「地域の活性化」についで、「災害情報の提供」が多くあげられている［13－4］。

倉敷市にある「FMくらしき」は災害時に避難情報などを伝達できる「緊急告知FMラジオ」を開発し、緊急時にはラジオの電源が強制的にオンになり、避難勧告、避難指示、災害情報などを大音量で放送できるようになっている。

長岡市にある「FMながおか」は「災害に強い街と地域コミュニティをつくる地域密着の放送局」として災害情報の提供に力を入れている。平成一六（二〇〇四）年一〇月の新潟県中越地震の際には、地震の発生、余震、避難勧告、安否、ライフ・ライン、学校・幼稚園、ガソリンスタンド、スーパー、道路・交通、給水などの情報、また、減免処置などの相談窓口の紹介や民間企業の業務連絡も行った。そして、災害発生の三日後には出力を二〇ワットから五〇ワットに引

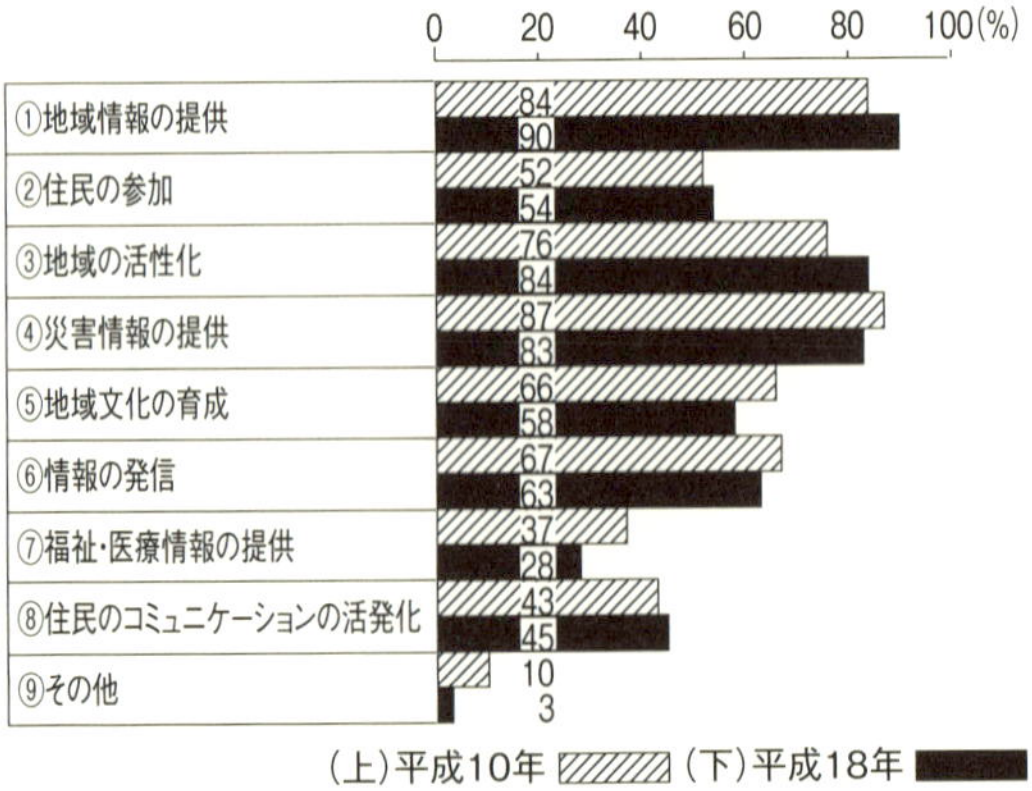

出典：船津衛『災害時におけるコミュニティ FM 放送の課題』（文部省科学研究費報告書），1998，船津衛，前出，2006 より作成

13-4 「コミュニティ FM 放送」の設立理由

き上げて「臨時災害放送局 ながおか さいがいエフエム」となり、災害・生活関連情報、地震災害放送、地震災害多言語放送を朝早くから夜遅くまで行った。

宮城県石巻市にある「ラジオ石巻」では、平成二三（二〇一一）年三月一一日の東日本大震災の直後から、通常の番組から災害放送に移行し、公園に特設スタジオを設け、市民から安否確認情報を受け付け、アナウンサーがそれをいち早く伝えている。そして、三月一五日には「臨時災害放送局 いしのまき さいがいエフエム」として認可され、出力を二〇ワットから一〇〇ワットに引き上げ、SOS、余震、安否確認、仮設生活、復旧・復興、役所の手続き、物資、支援、ボランティア、行政、ライフ・ラインなどの情報を休まず伝え続けた（鈴木孝也『ラジオがつないだ命 FM石巻と東日本大震災』河北新報出版センター、二〇一二）。

❖災害情報メディアとしての「CATV」

「CATV」も、また、災害時における有効なメディアとして注目されてきている。全国の事業者に対する調査によると、「CATV」の設立理由に「災害情報の提供」をあげる施設は、平成一〇（一九九八）年には、全体の三分の一と少なかったが、平成一六（二〇〇四）年には、それが過半数となり、大幅に増えてきている［13‐5］。

一関市の「一関ケーブルネットワーク」は、災害情報の提供のために、「北上川水防情報システム」の中心メディアとして、北上川の水位・雨量の状況を敏速に伝達する役割を果たしている。昭和六一（一九八六）年、昭和六二（一九八七）年、昭和六三（一九八八）年の集中豪雨のときに、昼夜二四時間の放送を行い、北上川の水位や雨量の情報をすばやく伝達して、市民から高い評価を受けた実績をもっている。

静岡県東伊豆町にある「東伊豆有線テレビ放送」では、昭和五三（一九七八）年の伊豆大島近海地震のときに、一カ月の長きにわたって、余震の注意、被害の状況、水道・ガス・温泉の状態、道路・通信・船・バス・電車の状態、学校や幼稚園の休みと始まり、救援物資、デマの防止など、地域住民とフィード・バックしながら、情報をきめ細かに伝達し、地域社会の復旧・復興に大きく寄与している。

宮城県塩竈市にある「宮城ケーブルテレビ」は、東日本大震災の際に、津波の被害で一時放送ができなくなったが、必死の復旧作業によって三日後には放送を再開し、避難生活情報を提供し続けた。

そして、平成二三（二〇一一）年九月には、同じように被災した岩手県釜石市の「三陸ブロードネット」、宮城県気仙沼市の「気仙沼ケーブルネットワーク」と共同して、災害発生、被害状況、避難所の様子、復興の状態などの映像を収録したDVD『被災ケーブルテレビ局が捉えた魂の記録』を発行している。

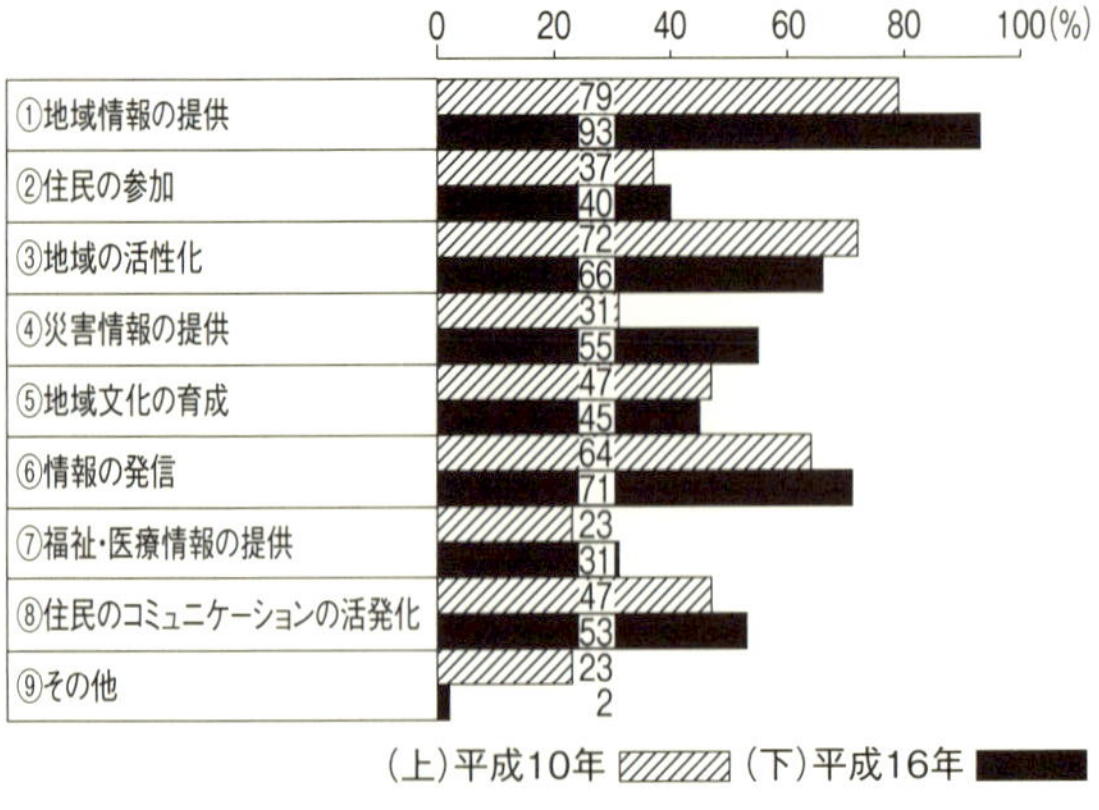

出典：船津衛『災害時における CATV の課題』（文部省科学研究費報告書），1998，船津衛ほか，前出，2005 より作成

13-5 「CATV」の設立理由

三　「コミュニティ・メディア」への「住民参加」

❖「住民参加」

「コミュニティ・メディア」においては、こんにち、読者や視聴者が紙面や番組に参加する紙面参加・番組参加や、住民自ら紙面や番組を企画・制作する紙面づくり・番組づくりなどの「住民参加」が多く行われている。このような「コミュニティ・メディア」への「住民参加」によって、「コミュニティ・コミュニケーション」が活発化され、住民間の情報の交換が多くなされ、そして、情報の発信が積極的に行われるようになってきている。

「コミュニティ情報」は外から、上から与えられるものではなく、「コミュニティ」の住民が下から、内から生み出されるべきものである。「コミュニティ情報」の主体は「コミュニティ」住民であり、「コミュニティ」住民の主体的活動として「コミュニティ情報」の創造が必要とされる。その意味でも、「コミュニティ・メディア」には「住民参加」が不可欠である。

自治体広報も、これまでの上意下達の「お知らせ」型から「住民参加」型に変わりつつある。住民による情報の提供や投書が積極的になされ、また、原稿執筆や紙面づくりなど、「住民参加」による広報づくりの動きが次第に広がってきている。

❖「コミュニティFM放送」への「住民参加」

とりわけ、「コミュニティFM放送」は「住民参加」に積極的である。平成一八（二〇〇六）年の全国の「コミュニティFM放送」事業者に対する調査によると、「住民参加」として、「インタビュー」、「番組参加」、「投書・電話」が多く、ついで「情報提供」があげられている［13－6］。

奈良県奈良市にある「ならどっとFM」は、地域に密着した情報の発信によって、商工・観光を活性化し、また、市民交流を促進することを目指している。アナウンサーやパーソナリティを地元から採用するとともに、ボランティア協会や大学の放送研究会に委託ないしは番組の買い取りによって番組づくりがなされている。

福島県喜多方市にある「喜多方シティエフエム」は「市民の市民による市民のための放送局」として、自らを「地域の夢おこしのために市民がつくった放送局」と名付けている。そして、地域コンテンツにこだわった番組制作を行い、番組の企画・制作からパーソナリティに至るまで市民が参加する「市民参加型放送局」の形態をとっている。たとえば、喜多方ボランティア・プロダクションによる番組制作がなされたり、さらには、情報特派員によって地域の情報の収集が行われている。

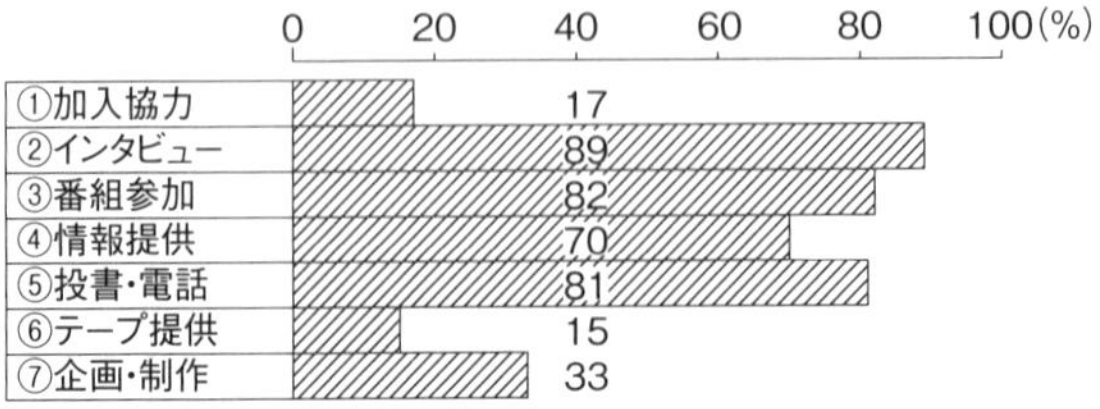

出典：船津衛，前出，2006より作成

13-6 「コミュニティ FM 放送」への住民参加（2006）（複数回答）

❖「CATV」への「住民参加」、「パブリック・アクセス・チャンネル」

他方、「CATV」も「住民参加」の実行にきわめて熱心である。平成一六（二〇〇四）年の全国の事業者に対する調査では、「住民参加」として「情報提供」が最も多く、ついで「番組参加」が多く、また、「インタビュー」も多くあげられている［13－7］。

そして、「CATV」は住民自ら番組を企画、制作する「パブリック・アクセス・チャンネル」※をもつことができる。このチャンネルによって、住民間の「コミュニティ・コミュニケーション」が活発化されるようになる。

アメリカ合衆国では、「パブリック・アクセス・チャンネル」が一九七一年に開始され、多文化社会における人種、移民、宗教、性別、年齢でのマイノリティに開放し、政治、宗教、教育、音楽などのオールタナティブ・メディアの形成や情報のローカリティの確保を促すものとなっている。わが国においては、平成四（一九九二）年に鳥取県米子市にある「中海テレビ放送」によって初めて「パブリック・アクセス・チャンネル」が設けられている。

「中海テレビ放送」の「パブリック・アクセス・チャンネル」は市民に全面的に開放され、市民が撮影したビデオ作品を放送し、また、スタジオから市民自作の番組が生放送できるようになっている。これまでに、町おこしグループや医師会のビデオが放映され、また、団体の活動やイベントの紹介、市内の祭り・行事、講演会、講習会、演奏会、スポーツ大会、幼稚園、保育所、学校の行事、個人や家族の記録、結婚式、子供の成長記録などが放送されて

※パブリック・アクセス・チャンネル
住民が自主的に番組を企画し、制作できるチャンネルのことである。アメリカ合衆国のボストン公共放送局が一九七一年に市民が企画・制作した番組を放送したのが始まりであり、アメリカ連邦通信委員会（FCC＝Federal Communications Commission）が一九七二年にケーブル・テレビ事業者にそれを義務づけている。

いる。

しかし、現在のところ、わが国で「パブリック・アクセス・チャンネル」を設けている「CATV」施設は、きわめて少ない。

❖「インタラクティブ・テレビ」

「CATV」はまた、双方向機能をもつことによって、「インタラクティブ・テレビ」に発展することができる。「インタラクティブ・テレビ」とは、これまでのワン・ウェイのテレビとは異なり、ツー・ウェイ、つまり、双方向が行われるテレビであり、視聴者が番組に直接参加できるものである。「インタラクティブ・テレビ」は、家庭にあるテレビリモコンのプッシュ・ボタンを通じて番組に参加し、番組内容に介在でき、コメンテーターになったり、登場人物になったりすることができる。そして、単にテレビ局とインタラクションをするだけではなく、住民同士の、それも一対一ではなく、広くオープンな形でのインタラクションを進めることができる。

このような「インタラクティブ・テレビ」を「コミュニティ情報」の主要なメディアとして利用することによって、新しい「コミュニティ・コミュニケーション」の展開が可能とされ、「コミュニティ・インタラクティブ・テレビ」に発展しうるようになる。

こんにち、「コミュニティ・メディア」は「身近な情報」、とりわけ、「災害情報」の提供に力を入れるとともに、「住民参加」が行われうるものとなっている。しかし、また、

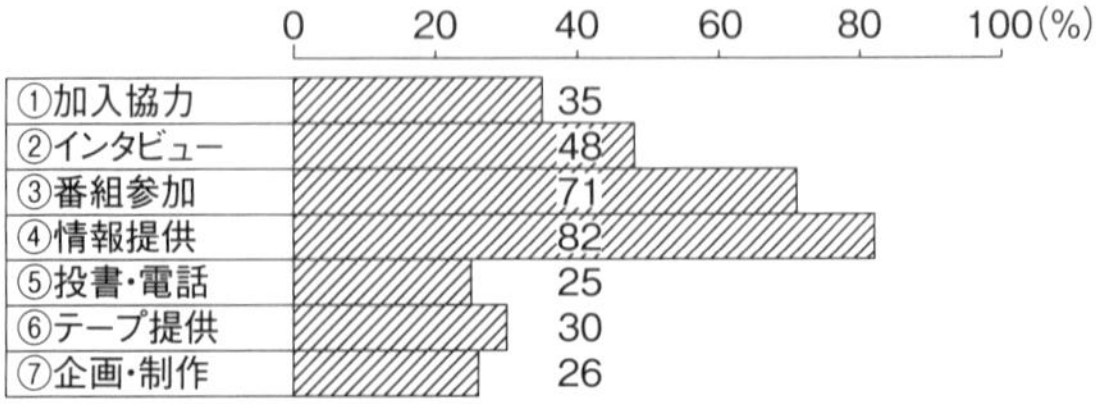

出典：船津衛ほか，前出，2005 より作成

13-7 「CATV」への住民参加（2004）（複数回答）

現在のところ、「コミュニティ・メディア」の多くが経営的にきびしい状況に置かれ、広告収入が少なく、人件費や設備費、また制作費の負担が大きいことなどの問題点を抱えている。このような「コミュニティ・メディア」をどう生かしていくかが、これからの「コミュニティ・コミュニケーション」のあり方を大きく左右することになろう。

Q&A

Q

「コミュニティ・メディア」とは何か。それが「コミュニティ」において果たす役割はどのようなものであるのだろうか。

A

「コミュニティ・メディア」とは「コミュニティ」に密着した地域の情報、身近な情報などの「コミュニティ情報」を提供するメディアを指している。具体的には地域情報誌、自治体広報、地方ローカル局、「ＣＡＴＶ」、「コミュニティＦＭ放送」、同報無線、インターネットなどがある。

このような「コミュニティ・メディア」は重要な災害情報メディアの役割を果たし、マス・メディアが伝えない、地域の具体的な情報をきめ細かく提供でき、被災者が必要とする情報を多く提供している。また、「コミュニティ・メディア」は番組参加や情報提供という「住民参加」に積極的であり、「ＣＡＴＶ」は住民自ら番組を企画、制作する「パブリック・アクセス・チャンネル」をもつことができる。そして、「ＣＡＴＶ」は視聴者が番組に直接参加できる「インタラクティブ・テレビ」に発展できる。このような「コミュニティ・メディア」への「住民参加」によって、「コミュニティ・コミュニケーション」が活発化され、住民間の情報交換が多くなされ、情報の発信が積極的に行われるようになる。

ブック・ガイド

船津衛『地域情報と地域メディア』恒星社厚生閣、一九九四。

地域情報と地域メディアへのアプローチ、地域情報化政策の動向、地域情報の特性、災害情報と災害情報メディアなど、地域情報と地域メディアの現状と問題点を明らかにし、これからの方向について具体的に論じている。

船津衛『コミュニケーションと社会心理』北樹出版、二〇〇六。

「CATV」や「コミュニティFM放送」などのコミュニティ・メディアの役割と今後の方向について具体的に検討している。また、人間のコミュニケーション、自我、自己表現、自己発信について問題としている。

田村紀雄、白水繁彦編著『現代地域メディア論』日本評論社、二〇〇七。

CATVやコミュニティFM放送などの地域メディアの現状、人材育成、また、問題点を具体的に分析し、今後の可能性について言及している。

橋元良明編著『メディア・コミュニケーション学』大修館書店、二〇〇八。

コミュニケーション・メディアの発展、映像・活字・音声メディアの変容、テレビの影響などの問題を取り上げ、また、電子空間のコミュニケーション、インターネット、バーチャル・コミュニティについて具体的に論じている。

松浦さと子、川島隆編著『コミュニティメディアの未来』晃洋書房、二〇一〇。

コミュニティ・メディアについて、その過去と現在の状況を明らかにし、その未来を展望している。とりわけ、地域社会や社会運動などとの関連におけるコミュニティ・メディアの必要性を具体的に論じている。

第十四章　「うわさ」も必要なコミュニケーション——「コミュニティ・コミュニケーション」

一　「コミュニティ・コミュニケーション」の特質

❖「コミュニティ・コミュニケーション」とは

「コミュニティ・コミュニケーション」とは「コミュニティ」に住む人々の日常的、また、非日常的なコミュニケーションのあり方を指している。「コミュニティ・コミュニケーション」には、何よりもまず、フェイス・トゥ・フェイスなコミュニケーション、つまり、互いが直接に顔を見ることのできる範囲のパーソナルなコミュニケーションがあげられる。

たとえば、井戸端会議、ゴミ置き場での雑談、公園や子供の遊び場での話し合い、ショッピングでの店員とのやりとり、町内会や自治会、隣組の会合、婦人会、青年団、老人クラブ、あるいは、ボランティア団体の会合などでのコミュニケーションである。これらの多くは言葉を通じてのコミュニケーションからなっている。そしてまた、服装、眼鏡、髪型、携帯品、装飾品など、「外見」によるコミュニケーションも多くなされている。

「コミュニティ・コミュニケーション」には、さらに、メディアを介したコミュニケーションもなされている。回覧板、折り込み広告、自治体広報、地方紙、地域誌などの印刷メディアや、ローカル・ラジオ、ローカル・テレビ、「CATV」や「コミュニティFM放送」、同報無線などの放送メディアを通じてのものがある。また、ケータイ（携帯電話）やスマホ（スマートフォン）、インターネットなどのメディアを用いてのコミュニケーションも存在している。

❖「コミュニティ・コミュニケーション」の変容

「コミュニティ・コミュニケーション」は時代によってさまざまに変化・変容している。かつての農村における「コミュニティ・コミュニケーション」は互いのプライバシーも認めないほど、きわめて濃密なものであった。しかも、その場合のコミュニケーションの流れの多くは上意下達のタテのコミュニケーションであった。

しかし、このようなコミュニケーションは農村の衰退と大都市の発展によって大きく変容している。昭和三〇年代の高度成長期において、農村から都市への人口の大量移動をはじめ、中心部から郊外への都市内部での移動、またその後、昭和五〇年代になると、Uターン、Jターンなど大都市から地方への移動など、社会移動現象が一般化した。

そのことから、都市においては人々が地域に関して比較的無関心になり、積極的なコミュニケーションの機会も少なくなり、そのあり方も表面的、形式的なものとなってしまった。そして、そこでの「コミュニティ」は孤独で、孤立した人々の単なる集まりとなり、「コミュニケーション不在のコミュニティ」が現れるようになった。

しかし、やがて、そのような「コミュニティ」にも変化が生じてきた。道路、学校、上下水道などの公共施設が不備で不十分であり、交通渋滞や交通事故が日常的に生み出されるなど、さまざまな問題が発生し、都市の住みにくさが浮き彫りになった。このような問題を解決するために、各地において住民運動が発生するようになり、その運動の展開過程において、人々は「住みよいコミュニティ」とはどのようなことなのかを意識的に考えるようになった。地域の安全性はどうか、快適さはあるのか、教育環境はどうか、公共施設が充実しているのか、よい職場が用意されているのか、また自然環境はどうなのか、スポーツ・レジャーに適しているのかなどが正面から問われるようになった。

さらに、「住みよいコミュニティ」として、単に物的条件の充実だけではなく、「ヒト」や「ココロ」を基盤とする「コミュニティ形成」のあり方が検討されるようになった。ここから、日常的な行為による新しい「コミュニティづくり」の動きが活発化し、その際に「コミュニティ・コミュニケーション」の必要性が強まり、その重要性が次第に認識されるようになってきた。

❖「コミュニティ・コミュニケーション」の情報内容

「コミュニティ・コミュニケーション」の情報内容としては、一般に、身近な出来事、行政、行事・催物、医療、福祉、そして、災害に関する情報があげられる。平成一七（二〇〇五）年一一月に実施した一関市民に対する調査によると、地域の事柄について「現在、よく見たり聞いたりしていること」として身近な出来事が最も多くあげられ、ついで、行政、行事・

催物、天気・気象、政治が多くあげられている。昭和六三（一九八八）年の調査と比べると、身近な出来事、行政、行事・催物、天気・気象、政治が多くなっている［14-1］。

そして、「もっと知りたいと思うこと」としても、身近な出来事が最も多く、ついで、行政、福祉、行事・催物があげられている。昭和六三年調査と比べると、身近な出来事、行政、行事・催物、福祉、文化・歴史、そして、災害が多くなっている。

14-1　地域情報：一関市民（複数回答）（%）　①②③…は順位

	見たり聞いたりしている情報		もっと知りたい情報	
	平成 17 年	昭和 63 年	平成 17 年	昭和 63 年
1. 自然環境	31	18	18	11
2. 農業・工業・商業	24	23	7	18
3. 観光	26	17	18	16
4. 政治	⑤ 42	16	15	12
5. 行政	② 60	20	② 42	③ 22
6. 教育	27	④ 24	16	⑤ 19
7. 医療	35	② 31	⑤ 29	① 26
8. 福祉	33	④ 24	③ 40	④ 22
9. 災害	38	① 32	24	6
10. 行事・催物	③ 53	19	③ 40	14
11. 文化・歴史	31	14	⑤ 29	15
12. スポーツ・レジャー	35	17	13	15
13. 交通・通信	22	15	6	7
14. 身近な出来事	① 64	22	① 44	11
15. 買い物	7	23	11	8
16. 天気・気象	④ 49	③ 28	15	5
17. その他	0	0	0	0
18. とくにない	0	0	4	② 24
無回答	0	0	4	0

出典：船津衛『コミュニティ・メディアとしてのCATVの現状と課題』（放送大学特別研究報告書），2006，船津衛ほか「東北地方における地域情報化と地域メディアの課題」『東北大学日本文化研究所研究報告』別巻 26，1989 より作成

✣新しい「コミュニティ・コミュニケーション」の展開

「コミュニティ・コミュニケーション」は、一方に、子育てや介護に関する情報の提供という手段的なコミュニケーションであるとともに、他方で、住民の間の親睦などのコンサマトリー（自己目的的）なコミュニケーションでもある。

また、そこでの「コミュニティ・コミュニケーション」は、もはや、かつてのようなタテのコミュニケーションではなく、住民同士が対等にかかわりあうヨコのコミュニケーションとなってきている。そして、人々は情報を受信するだけではなく、自ら情報を積極的に発信する双方向のコミュニケーションを行うようになっている。そして、その過程において、情報の解釈・修正・再構成が行われ、そこから、情報が新しく生み出される創発性を有するコミュニケーションが展開されるようになってきている。

二 「うわさ」のコミュニケーション

✣「うわさ」の発生

「コミュニティ・コミュニケーション」のひとつに、「うわさ」のコミュニケーションがある。「うわさ」には、学校の「うわさ」、都市の「うわさ」（「都市伝説」）、マスコミが生み出す「うわさ」、ネット上の「うわさ」などがある。

「うわさ」は、人々が必要とする情報と公式のコミュニケーション・メディアが提供する情報との間にギャップが存在する場合に発生する。T・シブタニ※（Shibutani, 1920-2004）によると、「うわさ」は人々の「情報欲求が制度的チャンネルを通じて手に入る供給量を上回った場合、発生しやすくなる」（シブタニ、広井脩ほか訳『流言と社会』東京創元社、一九八五〔原著一九六六〕）。つまり、「うわさ」は、人々にとって必要な情報が存在しない場合に、その情報の空白を埋めようとして行われるコミュニケーション活動といえる。

「うわさ」は、災害時のように、情報の公的ルートからのコミュニケーションが欠如したり、そのチャンネルが破壊されたりした場合に生まれる。「うわさ」はまた、マス・メディアの報道が十分に行われず、断片化した情報しか提供されない場合にしばしば発生する。あるいは、情報が多すぎたり、情報の間にずれや矛盾が存在するときにも生み出される。人々はどれが正しい情報かを判断できず、その選択に困難を感じるような場合にも、「うわさ」が生じるようになる。したがって、人々が「うわさ」に基づいて行為するのは、それを信用しているからではなく、むしろ、それを必要としているからといえる。

「うわさ」は、自然災害や社会変動など、これまでのやり方が通用しなくなる「問題的状況」において、人々が自分たちの知的資源を動員し、状況の意味を解釈するために用いられるようになる。そして、「うわさ」は、人々が「問題的状況」に対処しようとする積極的なコミュニケーションを形づくっている。「うわさ」は、人々における情報要求の高まりによって生み出され、「問題的状況」を新たに解釈し、

※シブタニ
(Tamotsu Shibutani)
（一九二〇－二〇〇四）
アメリカの社会学者。準拠集団、「うわさ」、エスニシティ、パーソナリティなどを研究している。著書に『社会とパーソナリティ』（一九六一）、『エスニック・ストラティフィケーション』（共著）（一九六五）、『流言と社会』（一九六六）、『社会過程』（一九八六）などがある。

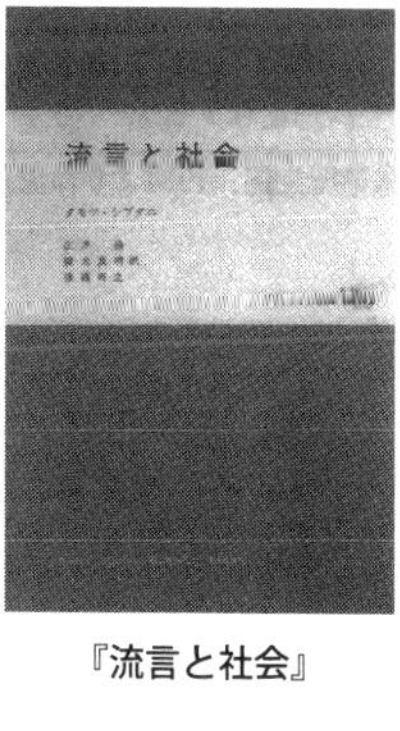

『流言と社会』

規定するために用いられ、問題解決に必要な準拠枠となっている。

❖「うわさ」の特質

「うわさ」の特質は、何よりも、その出自・出所が、多くの場合、不明なことである。情報源があいまいであり、どこから、誰から出たのかわからず、「うわさ」を初めに言った人を特定できないことが多い。「うわさ」は「○○を聞いた」とか、「○○と言っている」という間接的表現で伝えられる。しかも、「うわさ」が人々に伝えられるのは、決して未知の人からではなく、多くは、友達、親、兄弟、近所の人、職場の同僚などの知り合いからである。

そして、「うわさ」を支えているのは、「うわさ」の発生源ではなく、「うわさ」を他の人に伝達する中継者たちである。中継者は、何よりも本人がそれを本当だと信じており、しかも、他の人にそれを信じてもらうように説得することになる。

「うわさ」は、また、人から人に口頭で伝えられるメッセージである。「うわさ」は声によって伝達されることから、情報内容が変容することは避けがたい。つまり、「うわさ」は伝達過程において歪みや誇張などが生じるようになる。昭和四八（一九七三）年に起こった愛知県小坂井町（現・豊川市）の信用金庫の「取り付け騒ぎ」（預金者が殺到して預金を下ろすという出来事）は、最初は「信用金庫なんて危ないわよ」ということから、「○○信用金庫は危ないという『うわさ』がある」に変わり、そして、『「うわさ」は本当だ』ということになり、多くの人々がその信用金庫から預金を下ろすという事態が生じてしまった。

G・W・オルポート※（Allport, 1897-1967）たちによると、情報の伝達過程においては「平均化」、「強調化」、「同化」がなされる。「平均化」とは、情報がより短く、簡潔に、平易になることであり、「強調化」とは、情報が選択的に知覚され、想起されて、ある部分が強く色づけられることである。そして、「同化」とは、情報が伝達者の先入観や関心に整合的になっていくことである。これらのことによって情報の内容が変化してしまうようになる（オルポートほか、南博訳『デマの心理学』岩波書店、一九五二〔原著一九四七〕）。

けれども、「うわさ」の内容の変化が常に歪曲化をもたらすわけではない。「うわさ」は人々が状況を理解し、他の人との合意を得ようとする過程において生み出されるものである。人々は自分が聞いたことの意味を考え、それを自分自身のパースペクティブの中に位置づけ、それによって状況に対する自分の方向づけを行うようになる。つまり、「うわさ」のコミュニケーションは、あらかじめ決まっている情報の単なる伝達ではなく、むしろ、人々が状況を規定する過程において常に再構成され、新たに作り上げられていくものとなっている。

❖災害時の「うわさ」

「うわさ」は「問題的状況」に直面した人々が、その状況に対して、うまく対応するために、できる限りの知識を集めようとしたときに現れる。シブタニの言葉によれば、「うわさ」は「あいまいな状況にともに巻き込まれた人々が、自分たちの知識を寄せ集めることによって、その状況についての有意味な解釈を行おうとする

※オルポート
（Golden Willard Allport）

（一八九七－一九六七）

アメリカの社会心理学者。パーソナリティ、態度、偏見、宗教などの研究を行った。著書に『パーソナリティ』（一九三七）、『デマの心理学』（共著）（一九四七）、『偏見の心理』（一九五四）などがある。

『デマの心理学』

コミュニケーション」（シブタニ、前出、一九八五〔原著一九六六〕）である。

そして、「うわさ」は災害時において大きな役割を果たしており、ときに人々が必要とする情報ともなっている。地震や津波の際に余震や津波の再来の「うわさ」がしばしば生じるように、「うわさ」は人々が不安、恐怖、危機、孤独に陥ったときに発生する。しかし、それは必ずしも病理的現象ではない。シブタニも指摘するように、災害時においては普通に考えられているのとは異なり、人々がパニック状態に陥って逃走したり、ぼうぜん自失状態で全く動けなくなってしまうことはそれほど多くない。

むしろ、災害時には臨機応変の自律的行動と相互援助がなされるようになる。多くの人々は自分の批判能力を保持しようと努め、手に入れた情報を状況によって知ることのできる人々の意見に照らして可能な限りチェックしようとする。そして、その際に「うわさ」が活用される。「うわさ」は「新しい環境に対処する際に、人々がいっそう適切な方法を発達させていく過程の不可欠な要素」（シブタニ、前出、一九八五〔原著一九六六〕）となっている。

「うわさ」は、人々が状況を解釈するために必要とされる情報であり、人々の認知活動と伝達活動を行わせ、行動の方向を導くものである。「うわさ」は、これまで知られなかった事柄を明らかにし、新しい意味を生み出し、そこから、新奇な行動の形成を促し、新たなものを創造する機能を有している。

このような「うわさ」も、一般に、公的機関やマス・メディアがその内容を批判、否定、また反駁したり、矛盾を突いたり、あるいは、代替イメージや事実を提示したりすることによって終結するようになる。そして、「うわさ」は、その発生状況が問題的でなくなったり、合意の形成がなされたときに消滅する。しかし、また、公的情報が信頼されていない場合は、「うわさ」は継続し、かえって強化されることもある。そして、内容が分散、変形しながら、「うわさ」は受け継がれていくことにもなる。

三　災害情報のコミュニケーション

❖災害情報

阪神・淡路大震災や東日本大震災の経験によって、災害情報の果たす役割の重要性が認識されてきている。有効な災害情報は多くの人命を救い、また物的被害を最小限にとどめ、また、人々の不安や混乱を取り除くのに役に立つ。災害情報には注意報・警報・特別警報、予報・予知情報、災害発生情報、被害情報、避難情報、避難準備情報、安否情報、救護・救援情報、そして、復旧情報などがあり、こんにち、避難準備情報、安否情報、復旧情報、また、特別警報（平成二五（二〇一三）年八月運用開始）の必要性が高まっている。

平成九～一〇（一九九七～九八）年の全国の自治体に対する調査によると、各自治体において重点をおく災害情報として注意報・警報が最も多く、ついで、予報・予知情報が多く、また、災害発生情報も多くあげられている。また、平成一〇（一九九八）年の全国の「CATV」施設および「コミュニティFM放送」局に対する調査によると、重点をおく災害情報としては災害発生情報、注意報・警報、避難情報、被害情報、また復旧情報が多くあげられている。

また、平成一八(二〇〇六)年の「コミュニティFM放送」局への調査によると、重点をおく災害情報には災害発生情報が最も多く、ついで、注意報・警報が多く、避難情報、復旧情報、被害情報も多くなっている[14-2]。

❖復旧情報

災害情報の中で復旧情報としてあげられるのは、一般に、救助・救援活動、飲料水の供給、食糧の供給、道路・交通状況、医療機関、電話、水道・ガス・電気などのライフ・ライン、医療品の供給、ボランティア、災害補償・融資、心のケアに関する情報などである。

平成九~一〇(一九九七~九八)年の自治体調査では、道路・交通情報が最も多く、ついで、水道・ガス・電気、飲料水の供給、食糧の供給が多い。平成一〇(一九九八)年の「CATV」や「コミュニティFM放送」調査でも、道路・交通情報が最も多く、飲料水の供給、食糧の供給も

14-2　重点をおく災害情報(%)　①②③…は順位

	自治体	「CATV」	「コミュニティFM」	
	平成9~10年 (単一回答)	平成10年 (複数回答)	平成10年 (複数回答)	平成18年 (複数回答)
1. 予報・予知情報	②27	⑤35	61	65
2. 災害発生情報	③14	①61	②90	①89
3. 被害情報	5	③39	④72	④77
4. 注意報・警報	①38	②45	①91	②86
5. 避難情報	3	③39	③76	③83
6. 避難準備情報	—	—	—	62
7. 安否情報	1	20	66	66
8. 救護救援情報	0	29	67	58
9. 復旧情報	0	29	④72	④77
10. その他	1	10	12	9
11. とくにない	5	24	5	0
不明	0	0	0	1

出典:船津衛『災害の復旧情報に関する調査』(平成9年度文部科学省科学研究費研究報告書),1998,船津衛『災害時におけるCATVの課題』(平成10年度文部科学省科学研究費研究報告書),1998,船津衛『災害時におけるコミュニティFM放送の課題』(平成10年度文部科学省科学研究費研究報告書),1998,船津衛『コミュニティ・メディアとしてのコミュニティFM放送の現状と課題』(放送大学特別研究報告書),2006より作成

多くあげられている。

そして、平成一八（二〇〇六）年の「コミュニティFM放送」調査では、水道・ガス・電気と道路・交通状況が最も多く、ついで、救助・救援活動、飲料水の供給、食糧の供給があげられている［14-3］。

❖災害情報の伝達

災害情報の伝達の公的メディアとしては、広報車、防災行政無線、半鐘、サイレン、電話、広報・回覧版、移動無線、ファクス、掲示などがある。これらによって、注意報・警報・特別警報、予報・予知情報、災害発生情報、被害情報、避難情報などが伝えられる。しかし、これらの多くが迅速性に欠けたり、情報がうまく伝達されなかったり、風向きや家屋のサッシによって、はっきりと聞かれないなどの問題を有している。

その点、マス・メディアは災害情報を人々にす

14-3　重点を置く復旧情報（%）　①②③…は順位

	自治体	「CATV」	「コミュニティFM」	
	平成9～10年（複数回答）	平成10年（複数回答）	平成10年（複数回答）	平成18年（複数回答）
1. 食糧の供給	④43	③36	②70	⑤74
2. 飲料水の供給	③46	②37	③69	④76
3. 生活物資の供給	26	④35	63	72
4. 医療品の供給	7	27	④64	64
5. 救助・救援活動	⑤41	31	61	③77
6. 道路・交通状況	①51	①43	①79	①88
7. 水道・ガス・電気	②48	④35	⑤64	①88
8. 電話	15	20	48	61
9. 医療機関	11	29	60	71
10. 学校・幼稚・保育	5	18	36	62
11. 災害補償・融資	3	8	21	29
12. ボランティア	2	14	33	45
13. 心のケア	1	5	42	37
14. その他	2	6	0	0
15. とくにない	3	27	3	0
16. わからない	1	14	12	2

出典：船津衛『災害の復旧情報に関する調査』（平成9年度文部科学省科学研究費研究報告書），1998，船津衛『災害時におけるCATVの課題』（平成10年度文部科学省科学研究費研究報告書），1998，船津衛『災害時におけるコミュニティFM放送の課題』（平成10年度文部科学省科学研究費研究報告書），1998，船津衛『コミュニティ・メディアとしてのコミュニティFM放送の現状と課題』（放送大学特別研究報告書），2006より作成

ばやく、また、明確に知らせるのに重要な役割を果たしている。テレビ、新聞、ラジオは注意報・警報・特別警報、災害発生情報、避難情報、被害情報、余震情報などをいち早く報道することができる。しかし、マス・メディアの場合、具体的な個別情報に乏しく、被害状況の報道に力点が置かれ、人々が必要とする情報が必ずしも多く提供されていない。

そこで、公的メディアやマス・メディアが機能障害に陥り、情報伝達が不可能な「空白の時間」にはケータイ、スマホ、パソコンなどのパーソナル・メディアが多く利用されている。とりわけ、災害時にはケータイ・メール、スマホ・メール、パソコン・メール、「ブログ」、そして、「ツイッター」、「フェイスブック」などのソーシャル・メディアによって、人々は家族や知人などの安否情報、避難所情報、交通情報、復旧・復興情報などを知ることができ、また、支援活動や共同行動が生み出されるきっかけともなっている。ただし、これらのメディアも停電や基地局の停止によって不通になったり、使用することが少ない高齢者の多い地域では必ずしも十分に機能しない。また、これらが情報の確実性に欠け、誤報、風評、うそ、デマや意味のない情報が伝えられることも少なくない。

そのような中で実際の災害時に大きな力を発揮したのが「コミュニティ・メディア」である。「CATV」や「コミュニティFM放送」などの「コミュニティ・メディア」は災害発生情報、注意報・警報・特別警報、避難情報、被害情報、避難所情報、安否情報をすばやく放送し、また、救援物資、地元商店の営業、バスの運行、給水や給油、医療、停電、余震、水道・ガス・電気のライフ・ラインなど、地域の実情に合った情報を臨機応変に提供している。

①	市役所・役場, 消防, 警察などの公的機関ルート
②	テレビ, ラジオ, 新聞などのマス・メディア・ルート
③	「CATV」,「コミュニティFM放送」などのコミュニティ・メディア・ルート
④	町内会, 自治会, 自主防災組織などの住民組織, 農林漁業商工業組織・団体ルート
⑤	家族, 親戚, 友人, 近所などの個人ルート

14-4　災害情報の伝達ルート

❖災害情報のコミュニケーション

災害情報の伝達ルートとしては、市役所・役場、消防、警察などの公的機関ルートがあり、テレビ、ラジオ、新聞などのマス・メディア・ルートがあり、また、「CATV」、「コミュニティFM放送」などのコミュニティ・メディア・ルートがある。さらには、町内会、自治会、自主防災組織などの住民組織、農林漁業商工業組織・団体ルートがあり、そして、家族、親戚、友人、近所などの個人ルートなどがある［14－4］。

このようなルートを通じて、災害情報は迅速かつ正確に伝達される必要がある。そのことによって、人的、物的被害を最小限に抑えることができるようになる。けれどもまた、災害情報は送り手から受け手に一方的に流され、受け手はそれに反応して直ちに避難行動を開始するわけでは必ずしもない。むしろ、実際に避難する人はそれほど多くないのが常である。

災害情報は、何よりも、人々の関心、行為の方向、準拠枠、また、心理的状態によって選択され、解釈され、修正・変更され、また、再構成される。とりわけ、そこにおいて、人々がもつ「正常視バイアス」※

※「正常視バイアス」
「正常化の偏向」ともいう。「ここは大丈夫だ」、「まだ心配ない」、「絶対に起こらない」など、ものごとを異常と見なさない人々の心理的傾向を表している。「正常視バイアス」によって逃げ遅れ、人的、物的に大きな被害を被ってしまうことも少なくない。

が大きな役割を果たしている。

「正常視バイアス」によって、情報が疑問視され、軽視され、否定されるようになり、スムーズな避難行動が行われなくなってしまうことになる。平成二三（二〇一一）年三月の東日本大震災のとき、宮城県名取市閖上《ゆりあげ》地区の住民は停電のためテレビは見られず、ラジオも聴くことができず、しかも、防災無線は故障していた。そういう中で、「すぐに避難してください」という消防団の呼びかけに対して、「そんなの閖上には来ない」、「来ても大したことはない」、「まあ大丈夫」、「大丈夫、後から行くから」として、逃げ遅れてしまった人も少なくなかった（NHKスペシャル取材班『巨大津波　そのとき人はどう動いたか』岩波書店、二〇一三）。

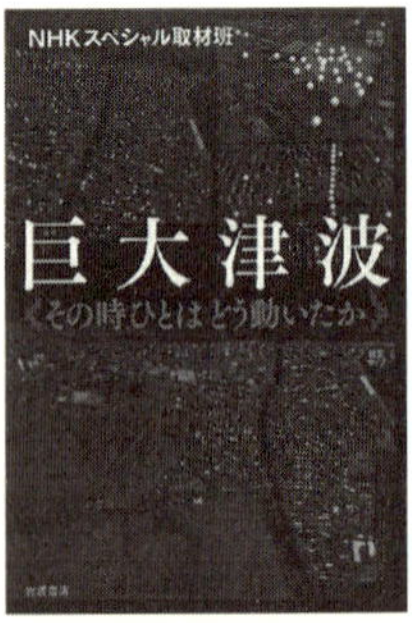

『巨大津波』

❖「災害文化※」

そしてまた、災害情報は「災害文化」によって解釈される。「災害文化」とはこれまでの災害経験に基づいてつくられた、「コミュニティ」における言い伝えからなっている。それは災害の被害を防止し、回避し、縮小することが可能であるとともに、逆に、被害を拡大することもありうる。

昭和五八（一九八三）年の日本海中部地震のときに波が大きく引いたので、人々は魚を採りに沖に向かい、津波の犠牲になってしまった。「日本海沿岸では津波は起こらない」という

※災害文化
これまでに災害を経験した地域に古くから伝えられる言い伝えのことである。それによって避難行動が大いに促進され、一命をとりとめることができる。しかしまた、それを信じ込んで避難行動を阻害してしまうことも少なくない。

言い伝えがあったからだともいわれている。これに対して、明治三九（一八九六）年と昭和八（一九三三）年の大津波、そして、昭和三五（一九六〇）年のチリ地震津波など、津波を多く経験している三陸沿岸地方では、「地震がきたら、すぐ高台に避難すべき」という「災害文化」が存在している。

三陸沿岸地方における津波に関する「災害文化」には、「大きな地震の後には津波が起こる」、「大きな地震がきたらすぐ逃げよ」、「津波のときには高台に避難せよ」、というようなことが含まれている。東日本大震災において釜石市の約二、九〇〇人の小中校生のほとんどが無事であったのは、「津※波のときはてんでんこ」という言い伝えを日頃の教育と訓練によって守ったからともいわれる（片田敏孝『人が死なない防災』集英社新書、二〇一二）。

津波のスピードは想像以上に速く、津波の高さや規模も大きく、一瞬の判断が命を左右することになる。「災害文化」の適切な活用によって、被害が防止され、回避され、縮小されることになる。しかし、また、多くの住民においては子供、親、高齢者、近所の人を助けようとする気持ちから、実際には、この言い伝えに直ちに従うわけにもいかず、その結果、津波にのみ込まれてしまう人も少なくない。

他方において、こんにち、「災害文化」の風化がいわれている。岩手県田老町（現・宮古市田老地区）の住民に昭和六三（一九八八）年二月に行った調査では、「津波のときはてんでんこ」を「聞いたことがある」が五六％であり、そして、それを「信じる」は四四％にとどまり、それほど多くなかった（五十嵐之雄・船津衛「三陸地方の津波災害文化に関する研究—田老

※**「津波のときはてんでんこ」**
津波のときは家族みんな一緒ではなく、てんでんばらばらに分かれて、一刻も早く、一直線に高台に避難しなさい、という三陸地方に伝わる言い伝えであり、「自分の命は自分で守れ」という教えとなっている。

町を中心にして」『東京大学新聞研究所紀要』三九、一九八九)。

そしてまた、田老地区では高さ一〇・六五メートル、総延長二、四三三メートルの「万里の長城」といわれた防潮堤が構築されており、昭和三五(一九六〇)年のチリ地震津波のときに津波を防いだこともあって、住民はそれに頼り、大丈夫と安心していたものと思われる。しかし、平成二三(二〇一一)年三月一一日に、高さ三八・九メートルの津波がやってきたことによって、多くの人命が奪われてしまった。

また、他方、岩手県大船渡市では、チリ地震津波のときに地震がなくても津波がやってきたことによって思わぬ被害を受けている。住民は直接的に地震を感じなかったのに、一万八、〇〇〇キロメートルも離れたチリでの地震が二三時間半後に日本に津波を引き起こすという「晴天の霹靂」の出来事となった。とりわけ、安全とされていた大船渡湾奥で大きな被害を受けたのは予想外のことであった(大船渡市『大船渡災害誌』一九六二)。

過去の災害経験がマイナスに働くという「災害文化」の逆作用が生じてしまったことになる。その意味では、「災害文化」に安易に頼るわけにはいかないことになる。しかし、また、「災害文化」の果たす役割を全く無視することはできない。的確な災害情報とより正しい「災害文化」の継承と柔軟な適用が今後いっそう重要な事柄となってくる。

このような災害のコミュニケーション過程は、一方通行ではなく、双方向である。情報は送り手から受け手へと一方的に送られるばかりでなく、受け手から送り手に疑念や意見というような形で情報が送られる。そして、そこに新たな情報が生み出される創発的なコミュニケーション過程となっている。

災害のコミュニケーションは単なる伝達過程ではなく、内容において変化・変容するダイナミックなプロセスとなっている。そこにおいて、意味の共有と共通の状況規定に基づいて共同的行為が展開され、問題解決的行為が生み出されるようになる。災害のコミュニケーションは関係者の共同的産物であるといえる。

Q&A

Q

「コミュニティ・コミュニケーション」とは、どのようなコミュニケーションなのか。また、「うわさ」のコミュニケーションの特質はいかなることであるのか。そして、災害情報はどのようなコミュニケーション過程においてなされているのだろうか。

A

「コミュニティ・コミュニケーション」とは「コミュニティ」に住む人々の日常的、非日常的なコミュニケーションのあり方を指している。そこにおいて、人々は自ら情報を積極的に発信する双方向のコミュニケーションを行い、情報を解釈・修正・再構成し、そこから、情報を創発するようになる。

「うわさ」は「問題的状況」に対処しようとする人々の積極的なコミュニケーションとなっている。災害時において「うわさ」は人々の認知活動と伝達活動を行わせ、行動の方向を導いている。

そして、有効な災害情報は多くの人命を救い、物的被害を最小限にとどめ、人々の不安や混乱を取り除くのに役に立っている。しかし、災害情報は人々の関心、行為の方向、準拠枠、また、心理的状態によって選択され、解釈され、修正・変更され、また、再構成される。とりわけ、「正常視バイアス」によって、情報が疑問視され、軽視され、否定されたり、「災害文化」によってさまざまに解釈されるようになる。

ブック・ガイド

T・シブタニ、広井脩ほか訳『流言と社会』東京創元社、一九八五（原著一九六六）。

流言の社会学的分析を行った著書である。流言は社会過程の必要不可欠な部分であるとして、流言の発生する社会的条件や集合行動的側面などを解明している。

広井脩『うわさと誤報の社会心理』日本放送出版協会、一九八八。

情報化時代における「うわさ」に関する人々の社会心理を明らかにし、とりわけ、災害時の流言や誤報について、被災者の証言に基づいて分析し、高度情報社会がもたらす情報災害を問題としている。

船津衛『コミュニケーション・入門』〔改訂版〕有斐閣、二〇一〇。

コミュニティ・コミュニケーション、災害時のコミュニケーション、「うわさ」のコミュニケーションなどについて具体的な検討がなされている。また、自我とコミュニケーション、集団・組織コミュニケーション、高度情報社会のコミュニケーションなども取り扱われている。

NHKスペシャル取材班『巨大津波　そのとき人はどう動いたか』岩波書店、二〇一三。

東日本大震災の際の巨大津波に対して、宮城県名取市閖上地区の住民がどのように動いたのかについて、人々がなぜ逃げないのか、いかにして助かったのか、なぜ他の人を助けようとしたのか、なぜ情報がうまく伝わらなかったのかなどを現地調査から具体的に明らかにしている。

第十五章　「地図にないコミュニティ」
――「情報コミュニティ」

一　高度情報社会の展開

❖新しいメディア

こんにちの高度情報社会においては、新聞、テレビ、ラジオ、雑誌などのメディアに加えて、パソコン、ファクス、「ＣＡＴＶ」、ケータイ、スマホなど、新しいメディアが多く利用されている。そのことによって、メディア利用の範囲が拡大され、情報の伝達が利便化され、また広域化され、情報内容の多様化や多元化が推し進められてきている。

自治体行政においては、行政の効率化が図られ、手続きの短縮化や利便化がなされ、産業の分野においては、生産性の向上、コストダウン、効率化や迅速化がもたらされている。そして、「地域コミュニティ」においては、地域に密着した情報が多く提供されるようになり、保健・医療体制が充実化され、教育・文化、また福祉や災害に関する情報システムが拡充されてきている。

❖双方向のコミュニケーション

高度情報社会ではコミュニケーションのあり方が従来とは異なるものとなり、新たなコミュニケーションの展開がなされるようになっている。そこでは情報が送り手から受け手に一方通行に伝達されるのではなく、受け手もまた、情報を送り返すという双方向のコミュニケーションが行われるようになってきている。

「CATV」やパソコンは双方向機能を備えていることから、単に情報を受信するだけではなく、発信できるようになっている。そこでのコミュニケーションの流れは、送り手から受け手への一方通行ではなく、双方向の形態において展開されるようになってきている。

バーチャル・リアリズムの研究者であるM・ハイム※（Heim, 1944-）によると、いまや、あらゆるメディアが双方向化に向かっている。

コンピュータは、送り手と受け手、視聴者と製作者との間に双方向的な関係を打ち立てる。新聞は紙面でオンライン版の購読を勧めているし、テレビは番組に関する電子メールを送ってほしいと呼びかけている。インターネット上には映画や人気テレビ番組のニュースグループがあって、ウェブ・サイトでは音声や画像が提供されている。マスコミが一方的にメッセージを発する時代が遠くなるにつれ、一方的な報道や放送もメディア文化の末尾へと追いやられつつある。テレビのリモコンがコンピュータのコンソールに取って代わられるとき、メディ

※ハイム（Michael R. Heim）（一九四四－　）

バーチャル・リアリズムの研究者であり、サイバースペースの哲学者である。著書に『エレクトリック・ランゲージ』（一九八六）、『仮想現実のメタフィジックス』（一九九三）、『バーチャル・リアリズム』（一九九八）などがある。

アの双方向性が実現する。

（ハイム、小沢元彦訳『バーチャル・リアリズム』三交社、二〇〇四〈原著一九九八〉）。

新聞やテレビをはじめ、すべてのメディアが双方向化している現代は、まさに「双方向の時代」であるといえる。そして、双方向のコミュニケーションは人々が情報を互いに自由にやりとりできるヨコのコミュニケーションからなっている。また、そこでは情報を伝達することに加えて、情報を蓄積したり、加工したりすることがなされており、そこから、新たな情報の創造が可能となってきている。

二　電子コミュニケーション

❖「電子コミュニケーション」

パソコンなどの電子メディアを用いて行われるコミュニケーションは、一般に、「電子コミュニケーション」と呼ばれている。「電子コミュニケーション」においては双方向のコミュニケーションがきわめて容易になされるようになっている。「電子コミュニケーション」は、情報の受信のみならず、情報の発信を行わせるとともに、電子メディアのもつ蓄積や保存の機能によって、いつでも、どこでも発信し、また、受信できるようになっている。

「電子コミュニケーション」は、これまでは、情報を入手したり、データベースを利用したりする受信型のコミュニケーションが多かった。しかし、これからは、より積極的に自ら情報を生み出す発信型のコミュニケーションが大幅に増えていくようになろう。こんにち、情報を単に受信するだけの「ウェブ一・〇世代」から、情報を自発的に発信する「ウェブ二・〇世代」※に流れが移ってきている。「ウェブ二・〇世代」は情報の能動的な発信者として、コミュニケーションを積極的に展開することが日常的となっている（梅田望夫『ウェブ進化論』ちくま新書、二〇〇六）。

※「ウェブ二・〇世代」
単に情報を受信するだけの「ウェブ一・〇世代」ではなく、電子メール、ブログや「SNS」などを通じて情報を発信したり、投稿したりする能動的な発信者となる新しい世代のことである。

❖発信型のコミュニケーション

「電子メール」は「電子化された手紙」であり、パソコン上で文章を書き、送信し、受信し、読むことができる。それは情報を自由に発信し、しかも、身近な人とだけではなく、世界中の人々と直接コミュニケーションすることができるようになっている。「ブログ」はウェブとログを結びつけたウェブログ（Weblog）であり、ウェブ上に自分の日記、日誌、エッセイ、意見、絵画、イラスト、写真などを掲載して、自分の情報を広く発信することができる。「ブログ」は人々の自己表現の場を大幅に拡大させ、発信型のコミュニケーションを飛躍的に増大させている。

「SNS」はインターネット上で人々のつながりをつくる会員制のネット・コミュニティであり、人々がプロフィールや写真、また、意見、思考、経験などを公開するものである。「SNS」は自分の存在をアピールし、他の人々とのつながりを拡げていくことができる。

「ミクシィ」では、自分のプロフィールを書き、日記やアルバムを載せ、他の人とコミュニケーションを行うことができ、「ツイッター」は、ミニブログとも呼ばれているように、一回一四〇字以内のメッセージを世界中の人々に向けて発信できるものである。そして、「ツイッター」は単語を検索するか、発信者名を検索すれば、自動的にメッセージをリアルタイムで読めるように、誰でも見ることのできる開放性を特徴としている。「フェイスブック」は「プロフィール」で自己紹介を行い、「ニュース」で近況、連絡、おしゃべり、文章、写真などの記事を投稿するものであり、「承認」によって友達を制限できるようになっている。

このように、「ブログ」や「SNS」などにおいて、人々は積極的に発信し、多くの人々とコミュニケーションを行い、思考や感情を共有し、また、連帯感を生み出している。そしてまた、世界中の人々の認識・評価・感情を知り、それを通じて、自分の認識・評価・感情をもつことができるようになっている。スマホやタブレット型パソコンの普及などが、このことを促進し、人々の情報発信の度合いを飛躍的に拡大させてきている。

三　「情報コミュニティ」

✣インターネット・コミュニケーション

「電子コミュニケーション」の展開によって、人々において情報の共有がなされ、そこに「情報コミュニティ」が形成されるようになる。「情報コミュニティ」は、こんにち、主としてインターネットを通じて形成され、展開されている。インターネットの意義は、何よりも、世界の情報に自由に接近できることである。人々はインターネットによって世界の情報の収集、受信、そして、利用が自由自在に可能である。

インターネットは情報の宝庫であり、そこには政治、経済、社会、文化、科学、技術、人ポーツ、趣味・娯楽など、あらゆる領域の情報で満ち溢れている。人々は世界のニュースや知識など、さまざまな情報を広範囲に、しかも、瞬時に獲得できるようになっている。しかしまた、インターネットには不必要な情報が多く存在しており、それらはゴミの山ともなる。そこで、必要な情報を検索する検索エンジンを用いて、ウェブ上の情報を収集、整理、体系化して、情報にすばやく容易にアクセスすることがなされている。

けれども、検索された情報内容が必ずしも適切でない場合も少なくない。情報が誤っていたり、不十分であったり、また、一方的な内容となっていることもある。何よりも、それは機械的な情報処理によって提供されたものであり、現実から直接導き出されたものでは必ずしもなく、コンテキストを無視し、人々の意味づけや意味解釈を含まないものとなっている。

したがって、インターネット上にある情報を単にコピペ（コピー・アンド・ペースト：情報の一部をコピーして他に貼り付けること）によって利用するのではなく、情報を意味づけ、解釈する枠組みを自ら作り上げ、情報を修正・変更し、再構成する能力を身につけることが必要とされる。そのことによって、人々は情報をそのまま受け取るのではなく、情報を選択し、意味を付与し、解釈を行い、情報内容を修正・変更し、再構成することができる。インターネット上でのコミュニケーションは思考の独自性や感情の差異を生み出すコミュニケーションとなりうる。

他方、インターネットは、その名のとおり、ネットワークのネットワークであり、人々が情報を自由に発信して、世界中の人々と直接的にコミュニケーションを行わせるものである。インターネットは国の枠を越えて、世界中に情報を送信することができ、共通の興味をもった人々が情報交換、討議、質疑応答することができるようになっている。ケータイ、スマホや「CATV」を通じて、インターネットに接続することによって、このことがいっそう容易になっている。

❖「情報コミュニティ」の特質

こんにち、「コミュニティ」といった場合、それは「情報コミュニティ」を指すともいわれている。「情報コミュニティ」とはインターネット上の「コミュニティ」などの「電子コミュニティ」を表している。インターネットは情報の共有によって「情報コミュニティ」を形成するようになる。そこでは情報の受信のみならず、情報の発信がなされ、双方向のコミュニケーションが展開されている。

「情報コミュニティ」は「電子メール」や「ホームページ」、「チャット」や「ニュースグループ」、また、「電子掲示板」や「電子会議室」、「ブログ」、そして、「ミクシィ」、「ツイッター」、「ライン」、「ユーチューブ」、「フェイスブック」などの「SNS」などによって作り上げられている。

「ブログ」においては［トラックバック（track back）］を通じて、他の人からコメントされたり、リンク先の相手に対して［リンク］を張ったことを通知して、他の人の意見や感想をもらうなど、発信者と受信者の間に双方向のコミュニケーションが行われている。また、「ミクシィ」では他の人とのコミュニケーションを通じて「コミュニティ」を形成し、そこにおいてプロジェクトを企画できるようになっている。「ミクシィ」のコンセプトは、身近な人や趣味・興味が同じ人との交流によって居心地のいいサイトを目指すことである。

「ライン」では仲間と無料で通話やメールをすることができ、「ユーチューブ」では動画を会員登録して公開でき、会員登録していなくても無料で閲覧し、また、キーワードで検索したり、コメントや評価をできるようになっている。「フェイスブック」では［友達リクエスト］で友達を求めることができる。また、求められた場合は［承認］を行い、また、投稿内容が気に入ったなら［いいね］を押したり、さらに、コメントのやりとりをし、友だちに記事を紹介する［シェア］をしたりすることによって、多くの人とつながることができるようになっている。

このような「情報コミュニティ」は、「地域コミュニティ」のように、物理的空間である「場所」の共有ではなく、人々が同じ場所にいる必要のない「コミュニティ」となっている。「情報コミュニティ」は、G・ガンパート（Gumpart, 1933- ）によれば、「地図にないコミュニティ」である（ガンパート、石丸正訳『メディアの時代』新潮社、一九九〇〔原著一九八七〕）。

そして、「情報コミュニティ」においては空間の共通性ではなく、情報の共有性によって人々が結びついており、関心や知識などの情報の共有に基づく「コミュニティ」となっている。つまり、「情報コミュニティ」は「情報縁」による「コミュニティ」である。したがって、「情報コミュニティ」においては情報の共有に基づく「共同性」が形成される。そこから、「情報コミュニティ」では「地域性」の拡大ができるようになる。

すなわち、「情報コミュニティ」における人々のかかわりはフェイス・トゥ・フェイスな直接的な関係から、メディアを媒介とする間接的な関係となっている。そのことによって、「コミュニティ」の「地域性」の範囲が広げられ、地球規模に拡大されて、「グローバル・コミュニティ」の形成を促すようにもなる。

そしてまた、「情報コミュニティ」の「共同性」は、「コミュニティ」の構成員にとって必然的で拘束力の強いものではなく、人々の自由選択による「共同性」となっている。そこでは人々が自分で進んで参加し、自ら創造する「共同性」が生み出されており、その「共同性」も変化・変容が可能な、柔軟な「共同性」となっている。

❖「バーチャル・コミュニティ」

他方、この「情報コミュニティ」はリアル・スペースの「コミュニティ」ではなく、ネットワーク上のバーチャルな「コミュニティ」である。したがって、それは現実世界にある「コミュニティ」とは質を異にしている。「情報コミュニティ」は電子メディアによって構築された「バーチャル・コミュニティ」であり、そこでの人々のつながりは互いの顔が見えないものとなっている。

「バーチャル・コミュニティ」とは、インターネットの研究者のH・ラインゴールド（Rheingold, 1947- ）によれば、「コンピュータを媒介とした社会グループ」のことである（ラインゴールド、会津泉訳『バーチャル・コミュニティ』三田出版会、一九九五〔原著一九九三〕）。「バーチャル・コミュニティ」は、現実の世界をシミュレートすることを通じて作り出され、現実には存在し得ないものをあたかも存在するかのように感じさせる世界である。

この「バーチャル・コミュニティ」では、さまざまなことが行えるようになっている。ラインゴールドによると、

> 画面上で言葉を用いて喜びや怒りを交わし合い、知的な会話に加わり、商行為を行い、知識を交換し、精神的な支援を共有し、プランを立て、ブレーンストーミングを行い、ゴシップをまき散らし、争い、恋に陥ち、友達を見つけては失い、ゲームに興じ、ふざけ合い、多少の芸術を創造したり、まったくのむだ話をしたりする。実生活でするのとほとんど同じことは何でもする。ただし、自分の肉体だけは後ろに残して。キスすることはできないし、鼻面を殴られることもないが、そうした制約の範囲内では実に多くの出来事が起こりえる。
>
> （ラインゴールド、前出、一九九五〔原著一九九三〕、一六頁）

したがって、「バーチャル・コミュニティ」である「情報コミュニティ」においても多くのことが可能となる。そこでは、人々が集団や組織、また、職業、性別、年齢などの社会的な境界を越え、人間同士の自由なネットワーキングの形成ができるようになっている。

「情報コミュニティ」への参加・加入に特別の制約はない。そこでは情報内容の価値以外には、人々のあり方が左右されず、性別、年齢、地位などの社会的バリアーから解放されている。「情報コミュニティ」には上下のタテの関係はなく、互いに自由にやりとりできるヨコの関係が生み出され、構成員の間のコミュニケーションは双方向のコミュニケーションとなっている。

そして、情報の伝達に加えて、情報の蓄積や加工が行われ、そこから新たな情報の創造がなされうるようになっている。人々は「情報コミュニティ」においてリアリティを自由に選択し、組み替え、再編成し、独自なリアリティを構成することができる。そこでのコミュニケーションは人が環境世界に対して主体的に行動し、環境がそれに反応して変化するという双方向性をもっており、そこから、リアリティの再構成も可能となっている。

四　「情報コミュニティ」と「地域コミュニティ」

❖「情報コミュニティ」の「地域コミュニティ」へのインパクト

「情報コミュニティ」は「地域コミュニティ」に対して一定のインパクトを与えうる。それは「地域コミュニティ」に対して新たな「地域性」と「共同性」を付与することができる。

つまり、選択不可能な「地域性」から、自由な選択が可能な「地域性」を生み出すようになる。そしてまた、固定的な「共同性」から変化・変容が可能な、柔軟な「共同性」を構築するようになる。「情報コミュニティ」によって「地域コミュニティ」が拡大され、変容されるようになる［15-1］。

「情報コミュニティ」は「地域コミュニティ」の意味合いを変化させ、「地域コミュニティ」の再構成を行い、新しい世界を生み出すことができる。そこにおいては、タテからヨコの対等な関係が形成され、そこから、「コミュニティ意識」や「コミュニティ文化」の変容と新たな形成がもたらされるようになる。ラインゴールドの言葉によると、「バーチャル・コミュニティが実生活の中で適度に地域の状況にあった形で応用可能な社会改革のモデルを提供してくれる」（ラインゴールド、前出、一九九五（原著一九九三））ことになる。

❖「情報コミュニティ」による「地域コミュニティ」の補強と共存

そしてまた、「情報コミュニティ」は「地域コミュニティ」を補強することができる。現在の「地域コミュニティ」においては、人々の「共同性」の希薄化が進んでいる。そのような「地域コミュニティ」に対して、「情報コミュニティ」は住民の交流や子育て、医療や介護、災害などに関して、人々に役に立つ情報を提供できる。また、相互扶助や支援のネットワークを新たに構築し、そこにおいて、ボランティアの参加などを可能とさせる。

そして、「情報コミュニティ」は「地域コミュニティ」と同時に存在し、そこに二重の「コ

①「情報コミュニティ」は「地域コミュニティ」に新たな「地域性」と「共同性」を付与する.
②「情報コミュニティ」は「地域コミュニティ」を補強する.
③「情報コミュニティ」は「地域コミュニティ」と共存する.

15-1 「情報コミュニティ」の「地域コミュニティ」へのインパクト

ミュニティ」を生み出すことができる。人々はその両方の「コミュニティ」に対応するようになり、その間に相互影響がなされ、両者の融合が引き起こされるようになる。

「地域コミュニティ」と「情報コミュニティ」とが共存し、その棲み分けがなされているのが市民電子会議室や電子町内会である。自治体や住民組織によって運用されている市民電子会議室や電子町内会は住民に情報を知らせ、住民の声を反映し、情報の共有を行い、住民同士の意見交換がなされ、「コミュニティ」の新たな創造への道を開くことが目的となっている。

神奈川県藤沢市の市民電子会議室はインターネット上に存在する会議室システムである。この電子会議室はインターネットを活用した市民参加と「コミュニティづくり」を目的として、平成九（一九九七）年に設置され、誰でも自由に参加し、発言できるというオープン・システムとなっている。市民電子会議室は市民の声が市政に反映され、双方向コミュニケーションが行われ、市民自体の世界が広がり、「コミュニティ」への窓が開かれている。そこでは、ネット上の「情報コミュニティ」と実際の「地域コミュニティ」がうまく重なり合っている（金子郁容、

藤沢市市民電子会議室の仕組み

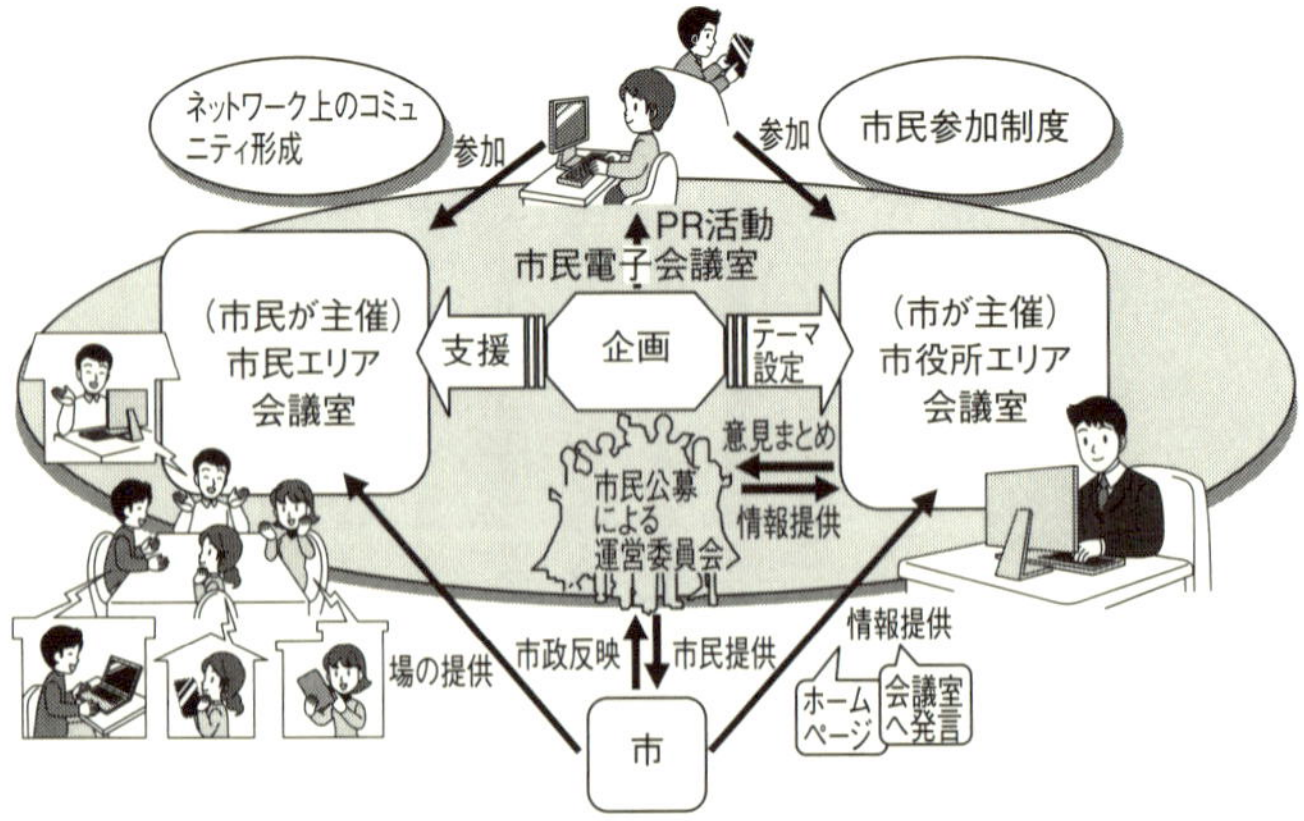

藤沢市市民電子会議室（藤沢市）
（http://ecom-plat.jp/fujisawa/）

藤沢市市民電子会議室運営委員会『eデモクラシーへの挑戦』岩波書店、二〇〇四）。

また、岡山市の電子町内会は市民の市政への参加意識を高める場の形成を目的として、平成一三（二〇〇一）年に運用が開始され、住民の間での意見の交換が活発になされ、人々の地域への愛着が強まることを期待している。この電子町内会においては、人々の自由なコミュニケーションが行われ、情報の共有がなされ、そこから、「情報コミュニティ」による新たな「コミュニティ」の創造が目指されている（岩崎正洋ほか『コミュニティ』日本経済評論社、二〇〇五）。

「情報コミュニティ」は、また、人々の出会いの場所として、単なるおしゃべりの場としての役割も果たし、住民の一体感や連帯感を生み出している。「情報コミュニティ」は、「地域コミュニティ」において実用的目的に利用される手段的な役割とともに、コンサマトリー（自己目的的）な機能も有していることになる。

電子町内会（岡山市）
（http://townweb.e-okayamacity.jp/）

五　「情報コミュニティ」のゆくえ

❖「情報コミュニティ」の問題

「情報コミュニティ」は「地域コミュニティ」に対して多くの貢献をすることができる。しかしまた、「情報コミュニティ」は基本的には「バーチャル・コミュニティ」であり、現実とは異なる、もうひとつの「コミュニティ」にすぎない。したがって、「情報コミュニティ」は実際の「地域コミュニティ」の問題をすべて解決するオールマイティなものではなく、その果たす役割は限定的なものとなっている。

しかも、「情報コミュニティ」は実際の「コミュニティ」とのずれや対立を生むこともある。とりわけ、「情報コミュニティ」においては利便化、効率化、画一化が過度に押し進められたり、プライバシーの侵害などによって住民の間に摩擦が生じるおそれも存している。また、「情報コミュニティ」においては、私的、個人的情報がネット上に公開されることから、情報内容が一人歩きして、誤解や個人攻撃を招いたり、誹謗中傷を受けたりすることも少なくない。

そして、「情報コミュニティ」においては匿名の使用が可能なことから、人々が無責任となったり、感情的に相手を攻撃する「フレーミング」※（炎上）を引き起こしたり、あるいは、相手を傷つけたり、だましたりする「ネット・ハラスメント」も十分起こりうるものとなっている。また、「情報コミュニティ」は人々の自由選択に基づくことから、それ自体が変化・変容する

※「フレーミング（flaming）」（炎上）
インターネット上の論争において感情的になり、相手を罵倒するようになることである。インターネットでは顔も見えないこともあって、相手をきびしくやっつけてしまうことがよく起こる。燃えさかる炎のように興奮して行われることから、フレーミングと呼ばれる。

ようになり、不安定で、壊れやすい「コミュニティ」ともなっている。

このように、「情報コミュニティ」では、さまざまな摩擦が生じ、人と人とのふれあいが減少したり、また希薄化したりするようにもなる。そこから、温かい人間的つながりや「共同性」が失われ、責任感や倫理観が衰えてしまうおそれもある。そして、ハイムによれば、「インターナショナル・グローバル・ヴィレッジは空前の蛮族社会を迎える役目を果たすことになるかもしれない」(ハイム、田畑暁生訳『仮想現実のメタフィジックス』岩波書店、一九九五〔原著一九九三〕)。

また、ラインゴールドが指摘するように、メディアでつながった見知らぬもの同士が集合化して、暴徒と化し、暴虐の限りを尽くすようになったり、自由とプライバシーを侵害する相互監視や統制の社会を生み出すことになってしまうこともありうる(ラインゴールド、公文俊平、会津泉訳『スマートモブズ』NTT出版、二〇〇三〔原著二〇〇二〕)。「情報コミュニティ」の未来をそう楽観的に語ることはできないようである。

❖「情報コミュニティ」のこれから

これらの問題の解決には、人々が単に情報機器を使いこなすだけではなく、情報を批判的に読み解く「情報リテラシー」を十分に身につけ、情報モラルや情報ルールを自ら主体的に作り上げ、批判的、創造的な「情報コミュニティ」を共同して形成していく必要がある。そして、人々の関係が各人の利己的な目的達成のための単なる手段ではなく、人と人との温かいふれあいを生み、そこにおいて憩いや安らぎを感じるような「コミュニティ」を新たに生み出す必要がある。

そのことのためには、「情報コミュニティ」は「モノ」の「コミュニティ」ではなく、「ヒト」と「ヒト」の「コミュニティ」として展開されるべきである。つまり、経済や産業ための「コミュニティ」ではなく、生活や文化のための「コミュニティ」として形成される必要がある［15－2］。

そして、そこでは「目的合理性」ではなく、「コミュニケーション合理性」がその構成原理とならなければならない。「目的合理性」とは、ドイツの社会学者のJ・ハーバーマス(Habermas, 1929-) によると、産業や生産中心の経済効率の合理性を意味しており、「モノ」の合理性にあたる。「コミュニケーション合理性」は、「目的合理性」とはきわめて対照的に、人間同士のヨコのつながりの合理性である。「コミュニケーション合理性」によって、人々の相互の理解と合意が形成され、行為の調整が行われるようになる（ハーバーマス、河上倫逸ほか訳『コミュニケイション的行為の理論』未來社、一九八五－八七（原著一九八一））。

このような「コミュニケーション合理性」に基づく「情報コミュニティ」では、情報伝達の効率性よりも、意味の共有性が重視されるようになる。そこにおいて人々の相互理解や助け合いの精神が生まれるようになる。そして、「コミュニケーション合理性」は他者に目を向けた活動において具体的に展開されるとともに、自分にも向けられて、新しい自分発見を行わせることにもなる。また、「コミュニケーション合理性」はローカルな合理性を認めるもの

①「経済や産業のためのコミュニティ」から「生活や文化のためのコミュニティ」へ
② 構成原理が「目的合理性」から「コミュニケーション合理性」へ
③「情報伝達の効率性」から「意味の共有性」の重視へ

15-2 「情報コミュニティ」のこれから

でもあり、また、状況に対して柔軟に対処できる「やわらかい合理性」ともなっている。このような「コミュニケーション合理性」に基づくことによって、新しい「コミュニティ」が構築され、新たなコミュニケーションが展開されることになろう。

Q&A

Q

「情報コミュニティ」とは何か。それは「地域コミュニティ」といかなる関係にあるのか。また、「情報コミュニティ」の問題とその解決の方策はどのようなことであるのだろうか。

A

「情報コミュニティ」とは、インターネット上の「コミュニティ」などの「電子コミュニティ」のことであり、情報の共有に基づくものである。「情報コミュニティ」は、「地域コミュニティ」に対して、人々に必要な情報を提供でき、また、人々の一体感や連帯感を生み出すことができるようになる。

他方、「情報コミュニティ」は、現実の世界をシミュレートすることを通じて作り出された「バーチャル・コミュニティ」であり、現実には存在しないが、あたかも存在するかのように感じさせる世界である。そこから、人々が無責任となったり、感情的に相手を攻撃する「フレーミング」や、相手を傷つけたり、だましたりする「ネット・ハラスメント」も起こるようになる。そして、人々のふれあいが減少し、希薄化して、温かい人間的つながりや「共同性」が失われるおそれが出てくる。

このような事態の発生を回避するためには、人々が情報機器を使いこなすだけではなく、情報を批判的に読み解く「情報リテラシー」を身につけ、情報モラルや情報ルールを主体的に作り上げ、批判的、創造的な「情報コミュニティ」を形成していく必要がある。

ブック・ガイド

G・ガンパート、石丸正訳『メディアの時代』新潮社、一九九〇（原著一九八七）。

電話、テレビ、コンピュータ、エレクトロニクスなどのメディアが現代人の生き方に対してもつ意味合いを論じ、テレビと人間、メディアとスポーツや音楽との関連について分析し、「地図にないコミュニティ」において起きている事象を問題としている。

M・ハイム、田畑暁生訳『仮想現実のメタフジックス』岩波書店、一九九五（原著一九九三）。

現実には存在しないが、あたかも存在するかのように感じさせる「仮想現実」（バーチャル・リアリティ）が、人々の情報受容のあり方を大きく変えつつあることを指摘し、「仮想現実」がもたらす電脳空間（サイバースペース）において、人間はいかに生きていくのかについて問題としている。

船津衛編著『地域情報と社会心理』北樹出版、一九九九。

地域情報、地域メディア、「情報コミュニティ」などの問題を各地の経験的データに基づいて検討し、そこから、地域情報の意義と新しい可能性について具体的に論じている。

橋元良明『メディアと日本人』岩波新書、二〇一一。

現在の日本人におけるテレビやインターネットなどのメディアの利用実態、メディアの影響、そしてメディアの未来について、経験的データに基づいて詳細に分析している。

索　引

配列は五十音順、※は人名を示す。

●あ行

●か行

●さ行

●た行

●な行

●は行

●ま行

●や行

●ら行

●わ行

執筆者紹介

船津　衛（ふなつ　まもる）　（第一～三章、第八章、第十～十五章）

1940 年　東京都生まれ

1962 年　東北大学文学部（社会学専攻）卒業

1967 年　東北大学大学院文学研究科博士課程（社会学専攻）単位取得退学

現　在　日本学術振興会特別研究員等審査会委員長，博士（社会学）

主な著作『シンボリック相互作用論』（オンデマンド版）恒星社厚生閣，2009

『コミュニケーション・入門』［改訂版］有斐閣，2010

『自分とは何か』恒星社厚生閣，2011

『社会的自我論の現代的展開』東信堂，2012

『21 世紀社会とは何か』（共編著）恒星社厚生閣，2014

浅川達人（あさかわ　たつと）　（第四～七章，第九章）

1965 年　長野県生まれ

1990 年　上智大学文学部社会学科卒業

1996 年　東京都立大学大学院社会科学研究科博士課程単位取得退学

現　在　明治学院大学教授

主な著作『新編東京圏の社会地図 1975-90』（共編著）東京大学出版会，2004

『東京大都市圏の空間形成とコミュニティ』（共編著）古今書院，2009

『現代都市とコミュニティ』（共著）放送大学教育振興会，2010

『21 世紀社会とは何か』（共編著）恒星社厚生閣，2014

現代コミュニティとは何か

―「現代コミュニティの社会学」入門

船津 衛・浅川 達人　著

2014年6月25日　初版第1刷発行

発行者　片岡　一成
印刷・製本　株式会社シナノ
発行所　株式会社恒星社厚生閣
〒160-0008　東京都新宿区三栄町8
TEL　03（3359）7371（代）
FAX　03（3359）7375
http://www.kouseisha.com/

ISBN978-4-7699-1473-0 C1036

（定価はカバーに表示）